高职院校教师的绩效考核与管理研究

伏　斐◎著

吉林人民出版社

图书在版编目（CIP）数据

高职院校教师的绩效考核与管理研究 / 伏斐著 . ——
长春：吉林人民出版社，2023.6
ISBN 978-7-206-20114-1

Ⅰ.①高… Ⅱ.①伏… Ⅲ.①高等职业教育－教师－
人力资源管理－研究 Ⅳ.① G718.5

中国国家版本馆 CIP 数据核字 (2023) 第 158814 号

高职院校教师的绩效考核与管理研究
GAOZHI YUANXIAO JIAOSHI DE JIXIAO KAOHE YU GUANLI YANJIU

著　者：伏　斐

责任编辑：崔　晓　　　　　　封面设计：李宁宁

吉林人民出版社出版　发行（长春市人民大街 7548 号 邮政编码：130022）

印　刷：长春市昌信电脑图文制作有限公司

开　本：710mm×1000mm　　　1/32

印　张：5.125　　　　　　　字　数 190 千字

标准书号：ISBN 978-7-206-20114-1

版　次：2024 年 3 月第 1 版　　印　次：2024 年 3 月第 1 次印刷

定　价：58.00 元

如发现印装质量问题，影响阅读，请与出版社联系调换。

前　言

　　在我国高等教育中，高职教育的重要性不言而喻，其核心竞争力是教师队伍的整体素质。多年来，教师绩效管理一直在高职院校师资队伍建设中扮演着重要角色。因此有必要在此探讨高职院校教师绩效管理的意义与实施方式。结合高职教育的特点，我们需要探索如何运用绩效管理理论，如何实施高职院校教师绩效管理，以提高高职院校的教师绩效管理水平。另外，根据绩效管理相关理论与实践，我们还需要思考如何改进绩效管理制度。这些都是当前高职院校实施绩效管理所要面对或解决的问题。

　　高职教育的目标是培养高技能专门人才，其培养方向贴近市场需求，并具有很强的实践性。因此，教育质量和教师水平对高职院校的发展至关重要。高职院校的教师不仅应具备一定的知识与技能储备，还应具备较高的绩效管理能力。

　　高职院校教师绩效管理对提高教育教学质量有着积极的作用，它可以推动教师个人素质的提升、专业技能的增强以及教育教学能力的发展。高职院校教师绩效管理涵盖教师职业道德、学术水平和工作责任三个方面，重点关注教育教学效果、科研成果、社会服务等方面的表现和成就。

　　高职院校教师绩效管理需要根据高职教育的特点进行改进。高职教育的特点决定了高职院校教师需要具备德育教育和专业技能培养能力，因此在绩效管理中需要加强这些方面的评价。此外，高职教育注重对学生实践能力的培养，教师会给予学生更多实践机会，在绩效管理中也需要加强此方面的评价。

在实施高职院校教师绩效管理方面，可以借鉴现代高职院校管理思想中的绩效管理理念，将教师绩效管理与高职院校教育教学质量评估相结合。同时，建立完善的教师绩效管理制度，明确教师绩效管理的目标与职责，并根据不同的教育教学形式设计相应的绩效指标，以确保绩效评估的科学公正性。高职院校教师绩效管理对于高职教育的发展，提高国民素质和技能的基本力量具有重要作用。只有通过科学的绩效管理，才能促进高职院校整体教育教学水平的提高，增强高职院校的竞争力，助力教师个人职业发展。

本书旨在探讨高职院校教师绩效管理的创新方法和措施，以提高高职院校的教师绩效管理水平。首先，本书介绍了高职教育的重要性和教师队伍建设的关键作用。其次，本书分析了高职院校教师绩效管理中存在的问题，包括绩效指标设置不合理、绩效评价方式过于简单、绩效评价结果不公平和激励机制不健全等。再次，本书提出了创新高职院校教师绩效管理的方法和措施，包括结合高职教育特点制订科学的绩效指标、建立科学的绩效管理体系、加强绩效评价的定性指标、保障绩效评价结果的公正性和建立健全的激励机制等。最后，本书总结了高职院校教师绩效管理创新的重要性和实际意义，强调高职院校应注重教师队伍建设，不断提高高职院校教师的绩效水平，为高职教育的健康发展提供坚实的师资保障。

目　　录

第一章 绩效管理概述

第一节 绩效与绩效管理

一、绩效的概述

从语言学的角度来看,"绩效"一词包含有成绩和效益的意思。具体是指某人或某团队组织在某一特定的时间段内,对某些资源配置进行的投资产出,是对目标实现程度及达成效率的衡量与反馈,其中包括物质及精神资源,如时间、金钱、个人情感及情绪变化,在工作效率、工作业绩等方面完成任务的指标。绩效既是一种工作行为,同时也是一种工作结果。绩效评估一直以来在高职院校管理中扮演着重要角色。对于高职院校而言,绩效是成功的关键因素之一;而对于教师而言,绩效评估则直接关联其发展机会和奖惩。通过绩效评估,高职院校可以了解教师的工作表现、优劣势,并为教师提供有针对性的培训和指导,以提升工作业绩和整体素质,从而实现高职院校的健康稳定发展。

绩效评估涵盖两个核心方面:绩和效。个人绩效主要关注教师的工作业绩和任务完成情况。在高职院校管理中,目标管理和职责要求是至关重要的,高职院校需确立明确的工作目标以推动工作前进和任务完成,教师也应设定个人目标以提高个人素质和工作表现。

效力体现教师的工作态度、工作能力、个人成长和综合素质等。教师高效完成工作和具有良好的品行是高职院校生产经营中重要的要素。纪律制度代表了高职院校制定的规章制度和规范，教师的品行则代表了他们的态度和行为。只有在业绩突出且表现良好的情况下，才能被视为高绩效教师，才能得到奖励和激励。对于高职院校而言，绩效评估除了要考虑教师的绩效和素质等方面，还应关注教师的职业生涯发展和个人成长。一个良好的绩效管理方案应有针对性和系统性，同时注重对结果的实现。教师要有明确的职业发展目标，并通过培训提高工作能力，以挖掘个人的最大潜力①。

在日常工作中，我们经常会发现一些教师的工作效率和工作质量非常高，而另一些教师则做事缓慢且工作质量堪忧。对于高效熟练的教师，我们可以鼓励他们分享自己的工作经验和技巧，以更好地发挥其作用；对于工作效率低或工作质量不高的教师，则需要进行有针对性的培训，帮助他们克服困难，并提高工作效率。这有助于提升教师的工作表现，也能促进高职院校的发展。

高职院校绩效评估的流程和方法非常重要。评估流程应透明、公正、严谨，以确保教师对评估过程有清晰的理解和接受度。评估方法应科学合理，根据教师工作的性质和岗位需求，采用不同的评估方式进行综合评估。同时，应重视教师的反馈和对评估结果的改进，不断完善绩效评估管理方法，使其更加科学有效。

总之，高职院校的绩效评估不仅仅是考核和奖惩的简单过程，而是一项以促进高职院校健康发展和推动教师个人成长为目标的系统性工作。它注重绩效评估的每个环节，关注教师的职业发展和个人成长，并为高职院校的长期发展打下坚实可靠的基础。

---

① 马龙凤.高职院校绩效管理问题研究——以 JXGZ 为例 [D]. 南昌：南昌大学，2013.

二、绩效管理概述

绩效管理是现代高职院校制定战略、实现目标、提高效率以及教师发展的关键。随着时间的推移，绩效管理方法越来越多元化和科学化，包括能力绩效评估和项目目标管理等方法。然而，无论采用哪种方法，教师的积极参与和高职院校管理者的有效沟通至关重要。

绩效管理是提高高职院校效率和教师绩效的关键管理过程，对于高职院校的长期发展至关重要。为了实现高职院校的长期目标，绩效管理需要制定战略管理目标、管理预算、明确管理方法、进行绩效管理和绩效评价，并采取相应的后续激励措施。通过这样的努力，高职院校可以更好地利用人力资源，将其转化为组织绩效，提升整体工作水平。

随着时间的推移和管理模式的进步，绩效管理已经发展出了越来越科学化的方法。过去，"德"与"勤"的能力绩效评估是被广泛采用的定性考核方法。如今，在现代绩效管理中，高职院校管理者应与教师一起制订协议，明确教师在将来一段时间内的工作目标。这个过程非常重要，协议中设定的目标必须达成，未能达成的原因也需要进行深入分析，并提出改进措施。这个过程需要高职院校管理者与教师积极配合，才能使绩效管理系统建立起来并成为有效的管理方法 [1]。

在高职院校中，绩效管理体系需要所有教师的积极参与。在绩效管理过程中，绩效指标是一个重要尺度，包括目标的达成情况、质量、成本、效率和服务水平等。绩效指标的设置需要与高职院校的目标相一致。如果教师的工作能够达到预期绩效标准，那么根据个人具体情况，会制定相应的奖励措施，例如晋升加薪、

---

[1]　赵根良. 合芜蚌文化创意产业崛起与高职教育发展对策 [J]. 安徽商贸高职院校学报，2014，13（1）：4.

降低工作压力、提升工作地位、提高个人职业技能等，以此，绩效管理体系可以为教师提供强大的动力，并更好地实现绩效目标。

绩效管理是一种科学化、高效的管理方法，非常适合高职院校长期发展。它可以有效地提高组织的整体绩效，激发教师的工作积极性和自觉性，并建立积极的教师与高职院校之间的互动，同时为教师提供更多的发展机会。因此，越来越多的高职院校开始认识到绩效管理的重要性，并纷纷采用这种方法来提高高职院校的竞争力和教师的综合素质。绩效管理作为一种现代化的管理方法，可以帮助高职院校实现长期发展目标，提升教师的整体绩效，同时提高工作效率，促进教师发展。

因此，我们应该认识到绩效管理的重要性，并在实践中积极采用。

第二节　与绩效管理相关的理论和方法

一、管理学激励理论

（一）马斯洛的需求层次理论

马斯洛的需求层次理论是对人类需求进行分类和归纳的理论，旨在帮助人们更好地理解自己的行为和心理，并以此来更加全面地满足自身需求。该理论将人类的需求分为五个层次，从最基本的生理需求到最高层次的自我实现需求，中间的三个层次分别是安全需求、社交需求和尊重需求。这些需求在人类的生活和工作中扮演着重要的角色。马斯洛的需求层次理论经过多年的实践检验和验证，在教育、管理、心理辅导等各个领域得到广泛应用。尽管马斯洛的需求层次理论现在被广泛接受和应用，但它仍然存在一些问题和不足。比如有时一个人会同时追求不同层次的需求，而不是按照层次逐步满足。此外，马斯洛的理论没有考虑到不同文化和个体之间的差异，不能适用于所有情况。因此，在实际应用中需要根据实际情况进行适当的调整。

在应用该理论时，需要遵循以下几点原则。首先，需要认识到需求是一个逐渐提高的过程，需要先满足低层次的需求才能进一步追求高层次的需求。同时，在满足一个层次的需求后，对该层次需求的满足已不能产生继续激励的作用，需要考虑以更高层次的需求为目标。其次，在实际应用中，一个人往往不会追求单一层次的需求，而是几种需求的综合。因此，在制订激励策略时，需要充分了解教师的需求和心理状况，根据具体情况选择和设计激励手段，以达到最佳的激励效果。最后，个体具有多样性和独特性，同一种激励方式对不同的教师可能会产生不同的效果，因此需要针对不同的教师进行个性化的激励措施。在高职院校中，工作人员需要深入了解教师的需求和心理特征，并针对不同的教师制订不同的激励策略，以达到目标激励的效果。为了有效应对不同的教师群体，需要在激励措施设计中考虑到不同年龄、学历、工作经验、性别和家庭等因素，并充分借鉴其他学校和高职院校的成功案例。

总之，马斯洛的需求层次理论为我们了解人类需求提供了有益的参考和指导。但是作为一种理论，它需要在实践中不断完善和调整。只有在理论和实践相结合、充分发挥人类潜力的基础上，才能实现教师和学校共同发展的目标[1]。

（二）赫茨伯格的双因素理论

1959 年，赫茨伯格提出了著名的激励因素与保健因素的双重

---

[1] 象好，诸葛晶，曹敏，等.眼视光专业"双师型"教师教学工作业绩考核的探索与实践 [J].中国高等医学教育，2012（7）：3.

因素理论，为组织高职院校管理者提供了一个有价值的思考框架。激励因素可以被描述为一个组织内部能够激发教师积极行为的因素，也就是我们常说的"胡萝卜"。这个因素包括工作认可、成就、晋升、赞赏和进步等。这些因素如果能够在工作中得到满足，会让教师获得高度的满足感，从而想要更加积极地投入到工作中。另外一个因素则是保健因素，这是能够防止教师产生不满意和不健康的工作场所中的一些不良情绪的因素，也就是我们常说的"大棒"。常见的保健因素包括公司政策、上司管理与监督、工作条件以及人际关系等。这些因素的满足可能不会让教师感到高兴和激动，但是它们能够提供一个健康和平稳的工作环境，从而消除教师的不满情绪，使教师能够更好地发挥创造力。如此看来，"激励因素"和"保健因素"是组织管理中不可或缺的要素。

随着职业教育越来越受到社会的重视和认可，高职院校的发展正呈现井喷之势，而教师队伍是高职院校得以稳健发展的重要保障。因此，注重对教师激励因素的满足，是高职院校发展进程中的一个重要环节。为了激励教师，高职院校可采取一些措施，比如制定一些有意义、有挑战性的教学任务，并为教师提供必要的支持和帮助等。如此一来，教师们在教学工作中所收获的学术和实践成就感，将会是对他们实实在在的精神鼓励。当然，在优化教师激励机制时，仅仅注重激励因素是不够的。众所周知，一个良好的工作环境是人发挥潜能的关键所在，而良好的环境与各种保健因素的满足密切相关。对于高职院校而言，保证教师的工作环境舒适、人际关系和谐，提供良好的教学设施和技术设备等，将有效消除教师工作状态中的负面情绪，创造出积极向上、向着共同目标合作的良好的工作氛围。

在落实教师激励因素和保健因素时，尤其需要注意几点：第一，确保各项政策制度的公正透明；第二，充分重视教师需求，且做到听取意见，及时反馈；第三，坚持管理上一致、沟通无障碍；第四，加强对教师的日常管理，不断探索更加完善、科学的管理措施。因此，高职院校应当注重同时满足教师的激励因素和保健因素，以激发教师的创新精神和工作热情，推动学校全面发展。同时，对于教师个人而言，更多地拥有高质量的工作体验，也是协助教师开展教学工作并达成自身职业生涯规划的重要保障①。

（三）弗鲁姆的期望理论

弗鲁姆的期望理论是一种广泛应用于人力资源管理领域的理论，旨在理解激励力对工作绩效的影响。该理论认为，个人对于一项活动的兴趣动机取决于该活动产生的结果对个人的吸引力以及实现概率。也就是说，个人效价和期望值将决定激励力的大小。虽然弗鲁姆的期望理论最初是针对工作场所的管理而设计的，但实际上，它不仅涵盖了教师的工作态度，还包括教师的行为和对工作定义的理解。因此，在这种情况下，个人、行为和结果之间的关系可以使用一个具体的模型进行表示，即"个人努力—个人成绩—组织奖励—个人需求"。在这个模型中，个人对于活动的兴趣会直接影响个人的努力和工作绩效。如果活动的结果对个人具有吸引力，并且实现的概率较高，那么人们在这个活动上的努力就会更多，从而产生更大的激励。对于高职院校教师来说，如何提高自己的效价？如何确定哪些结果对自身具有吸引力，哪些结果对自身没有吸引力？如何使组织提供的奖励与自身的需求保持一致？这些都是需要解决的首要问题。为此，高职院校可以采取以下措施解决这些问题。

为了提高教师的效价，首先，高职院校可以提供更多的机会和平台，让教师能够充分展示自己的能力和才华，并取得更多的

---

① 苗淑贤．普通高校教师聘任制优化研究——以武汉科技学院为例究 [D]．武汉：华中师范大学，2008.

教育成果。此外，院校可以给予教师更多的支持和鼓励，让他们感受到自己的价值和重要性。其次，高职院校可以通过建立公正、透明的激励机制，让教师认识到自己的工作成果得到了院校的认可和重视。这样做可以更好地激励教师投入到工作中，从而提高工作绩效。最后，院校应支持教师将工作目标转化为工作成果。比如可以为教师提供培训机会、资源支持、奖励激励以及学术支持等。这些支持可以帮助教师更好地掌握工作目标，并将目标转化为实际的工作成果，从而提高工作效率和绩效表现。

期望理论对于高职院校教师的激励管理具有重要的指导意义。通过实施一系列针对教师的激励措施，院校可以创造良好的工作氛围，提高教师的工作积极性和工作绩效。高职院校应采用符合期望理论的激励措施，为教师提供一个全面的激励体系，使其能够充分发挥自己的能力和才华，努力追求工作中的最佳表现。

（四）亚当斯的公平理论

亚当斯的公平理论在现代组织管理中的应用已经被广泛探讨。该理论认为，在教师的工作态度方面，除了绝对报酬之外，其他教师的相对报酬也会对其产生影响。这种意识被称为"相对公平意识"。由于攀比心理的存在，人们会对自身的投入产出比进行绝对和相对的比较，从而对自身在工作经验中所得到的回报产生一定的期望。当人们发现其他人相对于自己得到的回报更高时，就会形成一种不公平的心理状态。

在实践中，高职院校管理者一方面可以利用亚当斯公平理论的知识来激励教师，比如提高教师的报酬水平，使其获得相对较高的收入，可以增强他们的绝对满意度；另一方面可以优化教师的工作环境，减少相对收入的差距，增强教师的相对公平感。这样，教师会更容易体验到一种公平和满足的状态，响应性和工作积极性会更高。此外，组织高职院校管理者还可以采用积极的沟通和反馈机制,以增强教师的相对公平感。比如通过与教师进行有效的沟通,讨论教师的期望回报以及组织的限制条件,让教师体验到组织的公平和透明,从而增强对组织的支持和归属感。同时,教师可以通过反馈机制向高职院校管理者反映不公平的情况,让高职院校管理者通过及时地调整和优化解决问题,增强教师的信任和满意度。

实际上,亚当斯的公平理论在许多领域都在应用且被广泛探讨和运用。在组织管理领域,该理论也可应用于分配和激励问题。组织高职院校管理者可以通过实施一些公平的政策来增强教师的工作积极性和生产力,提高组织的绩效和竞争力。比如采取公平的激励制度,为教师提供公平、透明的晋升机会,以及奖励优秀绩效和有效沟通的机制等,都能够增强教师的工作动力,提高组织的竞争力。高职院校管理者可以通过理解和应用该理论来激发教师的工作积极性和生产力,提高组织的绩效和竞争力,最终实现组织和教师的共赢。

二、系统理论

系统理论是一种非常重要的理论,它从系统整体性的角度出发,关注系统的相互关系和有机整体性,而不是简单地机械组合或相加。作为系统理论的一个应用,开放系统理论认为系统不是封闭的,而是与周围环境相互作用的。在自然界和人类社会中,任何事物都可以被看作一个系统,并且每个系统都具有输入、转换和输出三个基本要素。教师作为开放系统的一部分,参与了教育系统的输入、转换和输出过程,并扮演着重要的角色。环境对于教师来说是输入,因为它向教师提供了物质、能量和信息等要素。教师将这些要素转换为知识和技能等输出后会对学生的学习产生影响。而学生学习本身就是输入,反过来它又可以作为教师的反馈信息输出到教育环境中。

在教师绩效考核中，教师可以被看作一个"系统"。这个"系统"通过确定考核要素和权重，构建具有针对性的考核方法。比如可以设置教学质量、知识水平和教学创新等考核要素，并给予不同的权重。在考核过程中，对教师的教学行为进行评价、分析和反馈，以提高教师的教育教学质量和水平。这样做，不仅可以加强教师的个人素质和能力，同时也可以提高整个教育系统的教育质量水平。然而，在实际的教师绩效考核中，仍然存在一些问题。其中一个主要问题是如何确定考核要素和权重，并且如何保证考核的公正性和客观性。为了解决这些问题，有必要采用科学的方法，比如可以通过文献综述和专家调研等方法，确定合理的考核要素和权重，并且制定详细的考核标准和评价细则，以确保考核的公正和客观性。

另外，教育系统本身也是一个非常复杂的系统，其中包含许多不同的因素和变量。因此，在进行教师绩效考核时，还需要对教育系统的整体情况进行深入的分析和研究，以便更好地了解教育系统的运作机制和问题，并提出相应的解决方案。教师作为教育系统的核心成员之一，在提高自身素质和能力的同时，也在为整个教育系统的发展作出着重要的贡献。通过科学合理的绩效考核制度，可以进一步激发教师的积极性和创造力，提高教育教学质量和水平，为实现教育现代化和建设创新型国家做出更大的努力和贡献。

三、目标管理法

目标管理法是一种将高职院校愿景转化为实际目标，并定期检查目标完成情况的管理方式。目标管理法不仅可以应用于组织管理、行政管理等领域，也可以应用于教师绩效评估中。

目标管理法最早由美国管理学家德鲁克于 20 世纪 50 年代提出，并至今仍被认为是一种高效的管理方式。它的核心思想在于以实际产出为基础，不断考评教师的劳动效率和成果，以此来不断提高组织的竞争力。在目标管理法中，具体而明确的目标是非常重要的。美国管理学家爱德华·洛克和加里·吉博恩等人提出了"目标设置理论"，认为具体的目标可以提高工作成绩，同时还强调困难的目标一旦被人们接受，将会比容易的目标导致更高的工作绩效。

在教师绩效评估中，明确而具体的绩效目标可以提高教师的工作表现，并增加对工作的满意度。但制订教师绩效目标时，要符合可达性、可衡量性、可实现性、具有挑战性等要求。要让教师明确需要达成的目标，同时还要了解如何度量和监测这些目标的完成情况。在完成教师绩效目标的过程中，要及时反馈，让教师知道绩效与目标的差距，这样他们就能够了解到绩效的缺陷所在，及时采取相应的措施，提高工作质量。

教师绩效目标的设定应该具有一定的难度，足够激发教师努力工作和进一步提高工作表现。难度过低的教师绩效目标不能激发教师的潜力，也无法提高教师的工作表现。因此，教师绩效目标的制订应兼顾工作难度和工作实质性，既要符合教师的实际水平，又要能够激发教师的积极性和创造力。此外，让教师参与绩效目标的制订，可以增强教师对学校目标的理解和认同感。另外，还可以将教师个人的绩效标准与组织的绩效标准协调起来，将目标实现与组织发展紧密结合起来，加强个人学习和成果实现的能力。

目标管理法在教师绩效评估中是一种高效的管理方式，可以激发教师的潜能，提高他们的工作表现，同时也可以增加组织的竞争力。在实际应用中，各高职院校要充分考虑到目标的具体性、难度和可行性，尽可能让教师参与制订目标的过程，以实现个人目标和组织目标之间更好的协调与契合。不断提高教师的竞争力和组织的竞争力的同时，实现教师教育以及整个教育系统的健康发展。

第三节 绩效管理的原则与过程

一、绩效计划

绩效管理是现代组织管理的重要内容，尤其对于教育机构的教师队伍管理至关重要。教师绩效计划的制订是教师绩效管理的首要环节，能够有效促进教师工作目标的达成和整体教学水平的提高。

第一步，院校战略管理委员会将制订的院校年度发展战略目标分解到各二级院校。在这个过程中，各二级院校需要与教师绩效管理领导小组进行沟通和协商，以确保目标的一致性和可行性。由于院校工作与二级院校工作相互联系和影响，因此需要形成融合，共同制订符合二级院校实际情况的年度绩效目标责任书。教师绩效计划的制订应承接院校发展战略目标，因此这一步对整个教师绩效计划的制订非常重要。

第二步，各二级院校需要将签订的《年度绩效目标责任书》分解到人。在实施方案的编制过程中，各分院教师绩效考核工作小组可以进行合作。这一环节，实际上是将教师绩效计划从学校层面转化为教师个人层面。因此，这一步的重点在于将院校发展战略目标转化为教师个人绩效目标，并满足院校多方面的需求。这也是教师绩效计划制订中至关重要的一步。

第三步，每位教师根据本院的工作目标，结合自身的工作性质、工作职责、工作任务等因素，草拟自己的绩效目标和绩效计划。在此过程中，每个教师都需要尽可能明确和具体化自己的绩效目标，在实现目标的可量化、可操作和可衡量性的同时，确保个人绩效计划与院校的绩效目标相一致。教研室主任需要审核和审查每位教师的绩效目标和绩效计划，以确保与院校的绩效目标和绩效计划相一致。

第四步，各教研室主任应审核每位教师的绩效计划，然后就其绩效计划与教师本人进行沟通，并提出相应的修改意见，最终达成共识。这一步骤是教师绩效计划的最后一个校核和审查过程。[①]教师和教研室主任可以进行对话来讨论每一个指标是否具有可实现性，以确保每位教师的绩效目标和绩效计划是符合实际情况的。

第五步，双方签订《绩效协议书》并提交给各分院教师绩效考核工作小组。《绩效协议书》的主要目的是明确教师个人的绩效责任，其中包括教师的工作目标、工作任务、工作结果以及衡量工作结果的指标等内容。各分院教师绩效考核工作小组应对教师的绩效目标和绩效计划进行汇总，制订教师绩效考核方案和标准，以确保这些标准具备公平性和公正性。

绩效管理不仅能够促进教师的职业成长和能力提升，还可以增强教师对工作的投入度和满足感，激发教师的工作热情，从而为高等职业院校的发展作出贡献。虽然教师绩效计划的制订是教师绩效管理的首要环节，但其他各个环节的细节也不应被忽视，只有这样才能真正提高和改进教师管理的效率和效果。

二、绩效辅导

绩效辅导是一种存在于高职院校管理者与教师之间的沟通方式，主要包括工作进展、潜在问题和困难、解决措施、教师的成绩及存在的问题等信息。这种沟通方式对于提高教师绩效和协调工作非常有益，下面将对绩效辅导的作用、目的和沟通方式进行详细的阐述。

---

① 廖志平.高职院校教师绩效管理的问题及对策 [J].经济师，2021（3）：2.

（一）绩效辅导的作用

1. 了解教师工作的进展情况和遇到的困难

绩效辅导可以帮助高职院校管理者了解教师工作的进展情况，包括教师的工作量、完成情况、工作结果等。同时，也可以了解教师遇到的困难和问题，从而能够及时提供帮助和支持，使教师更好地完成工作任务。

2. 帮助教师解决问题，提高绩效

绩效辅导可以帮助教师提高工作效率和绩效，帮助教师解决遇到的问题，提供有效的解决方案并协助教师实施。同时，也可以对教师进行实时的反馈和评估，帮助教师发现自身的不足，并做出及时调整。

3. 帮助教师协调工作，使之更有效率地做好本职工作

绩效辅导可以帮助教师协调工作，使之更加高效地完成工作任务。高职院校管理者可以通过了解和掌握教师的情况，为其提供合理的工作安排和建议，并加强教师之间的协作，从而提高教师团队整体的工作效率。

（二）绩效辅导的目的

1. 对教师实施绩效计划的过程进行有效的管理

绩效辅导的目的就在于管控绩效计划，确保教师的工作任务都在可控范围之内。高职院校管理者可以通过绩效辅导了解教师是否达到了预期工作目标，检查教师的工作进度和质量，及时发现偏差并纠正[①]。

2. 确保工作进展符合预期，达到既定目标

通过及时的绩效辅导和管理，高职院校管理者可以对教师的工作进展进行更加精确和科学的监控。当教师完成任务并取得好

---

① 周荣之. 民办高职院校教师队伍绩效管理研究——以湖南都市高职院校为例 [D]. 长沙：湖南师范大学，2013.

成绩时，高职院校管理者可以对其进行肯定和表扬；当教师的工作遇到挑战时，高职院校管理者可以及时地为其提供帮助和解决方案。

（三）绩效辅导的沟通方式

绩效辅导的沟通方式包括以下几种：

1. 书面报告

书面报告是一种正式且权威的工作沟通方式，适用于信息量较大或涉及重要决策时。高职院校管理者可以通过书面报告了解教师的工作状态和工作任务完成情况，同时也可以通过书面报告向教师传达重要信息和决策结果。

2. 会议沟通

会议沟通是一种非常常见的沟通方式，可以让教师了解工作的最新动态和未来的计划。高职院校管理者可以组织全员或分层会议，就工作任务、工作标准、困难与问题进行深入的交流和讨论，为教师提供正式且透明的工作环境和信息。

3. 一对一面谈沟通

一对一面谈沟通是一种非常直接和有效的方式，通常在教师工作出现问题或需要个人关注时使用。这种沟通方式可以帮助高职院校管理者和教师建立起更加深入和直接的沟通，解决教师遇到的个人问题和困难。

绩效辅导是高职院校管理者与教师之间非常重要的沟通方式，可以帮助高职院校管理者了解教师的工作情况和完成情况，协助教师解决困难和问题，提高教师的工作效率和绩效。同时，也可以帮助教师协调工作，更好地完成任务。在绩效辅导的实施过程中，可控范围内的管理和沟通方式的选择都尤为重要。

三、绩效考核

业绩考评也是绩效考核的另一种说法，它是管理者对基层员工，依据科学健康的任务分配研究方法，合理分配每个员工的工作数量，同时针对员工对高职院校公司的贡献百分比进行的合理评判。业绩考评得出的数据是高职院校管理员工的重要依据，也是高职院校不断更新发展的关键。我国的高职院校教师绩效考核工作起步较晚，随着 20 世纪 80 年代我国正式加入国际教育成就考核协会，对教育体制机制进行改革，高等学校老师的教育成绩效果测评工作才开始有了依据能够正式展开。

绩效考核可以被视为高职院校管理效率的重要手段之一，对于高职院校的持续发展和教师的职业成长都有重要影响。它是一个科学的过程，通过评估和考核教师的行为和工作成果，可以提升高职院校管理的科学性和有效性；它还可以在不影响教师职业发展的情况下，促进教师的成长，从而提高高职院校的整体绩效[1]。

在高职院校绩效考核实践中，尤其需要遵循一些基本原则，如公平原则、严格原则、结果公开原则、奖惩原则等。公平原则可以保证教师认可考核的公正性。严格原则保证评价标准的严谨性和考核的可靠性。结果公开原则可以确保考核结果的透明、公开和广泛传达。奖惩原则可以起到激励和惩罚的作用，从而确保教师行为规范和高职院校工作效率的提高。

绩效考核在高职院校管理体系中的重要性是不言而喻的。通过绩效考核，可以清晰地了解高职院校中各部门及教师的工作状态和成效。同时，绩效考核还能够激发教师的工作积极性，帮助他们明确目标和方向，在工作中不断提升能力和素质，实现个人和高职院校的双赢。当然，绩效考核需要让教师清楚地了解和认

---

① 郭学静.绩效目标的制订在行政事业单位绩效管理中的重要性思考 [J]. 今商圈，2021（13）：4.

同考核标准，并让他们参与制订和评估标准，以使考核更加公正和准确。此外，针对考核结果也需要及时向教师反馈和进行交流，以便教师能够以更好的方式进行工作规划和发展，最终实现高职院校和教师相互促进、共同发展的目标。

绩效考核指标体系不仅是能够相互独立的，而且是能够相互依存并且完整表达的。通过对考核指标体系进一步地完善，可以对员工工作状况实现真实性评价。这是对员工实现考核工作的基础，同时也能够保障考核的真实性与合理性。一个完整的绩效考核指标体系包含绩效考核指标及考核指标的权重。评判指标是考核制度体系中尤为重要的基础，所以对其指定的各项标准必须严格要求。首先，每一个绩效考核指标要规定出明确的含义，不给人模棱两可的印象；其次，指标要具有独立性，每一个指标要有独立的内容、独立的含义和界定；最后，指标要有针对性，每个指标应针对某个特定的绩效目标，反映出相应的绩效标准。"权重"也称"权数"，是一个相对概念，指某个指标在整体内容中所占的比重，一个指标所占比重越大，证明该指标越重要。确定绩效考核指标的权重值，是设计绩效考核指标体系的关键步骤。通常采用确定权重值的方法有德尔菲法、标杆比较法、层次分析法等。

绩效考核的重要性和作用是长期存在的，高职院校只有不断完善和改进绩效考核制度，才能确保高职院校的持续发展和教师的职业成长。因此，高职院校必须在管理方面加强思考，制定合理的考核标准，同时也要尊重教师的个性和发展需求，以在激励教师和提高高职院校效率之间取得平衡。绩效考核在高职院校管理中拥有极其重要的地位和作用。它可以使教师更加专注于工作任务和目标，从而在更高的协同效率下完成工作任务。对于高职院校而言，通过量化分析可以发现问题和不足，便于及时调整和改进。因此，高职院校必须开展全员参与的绩效考核，保证其内在可行性和成效度，从而促进高职院校的发展。

四、绩效反馈

绩效反馈是绩效管理中不可或缺的一环。面对绩效反馈，一些教师可能会感到紧张和不安，而对于高职院校管理者来说，进行良好的绩效反馈需要一定的技巧和经验。经常性原则是绩效反馈的基本原则之一。教师对自己的表现和成长始终有一个自我意识，因此，反馈不应局限于一年一次。定期的反馈可以让教师更好地了解自己的表现和成长，并增加工作信心。而不定期的反馈则可以更好地解决紧急问题，及时发现和解决工作中的难题，确保工作的顺利进行。

对事不对人的原则在绩效反馈中非常重要。高职院校管理者需要关注教师的工作绩效而非对教师的个人评价。在反馈中尽量避免批评教师，避免让教师感到尴尬或羞愧。只有当教师放下心防时，才能真诚地与高职院校管理者进行对话，从而达到提高绩效和改进工作的目的。

多问少讲的原则也是绩效反馈的重要原则之一。在反馈中，高职院校管理者应尽可能提出问题，引导教师自己思考和解决问题，并对自己的工作进行评价。这样的反馈可以避免教师对高职院校管理者产生负面情绪，让教师在得到指导和帮助的同时，保持对自己工作的信心和自我认知能力的提高。

正面鼓励是绩效反馈中同样重要的原则之一。在反馈中，不论教师的绩效考核结果如何，都要注意给予教师一些正面鼓励。这不仅会让教师感到高职院校管理者的关心和重视，也会对教师的工作积极性和意愿产生积极影响。同时，需要注意的是，在给予正面鼓励的同时，也要提出改进的建议，引导教师在工作中不断提高自己的能力水平和工作质量。

在进行绩效反馈时，需要注意使用一些有效的反馈方式。

1.找出教师的长处。在反馈中，不仅要针对教师的改进点提出意见，也要找出教师的长处并进行正面引导。这不仅有助于增强教师的信心和积极性，还可以鼓励教师在工作中继续发挥自己的长处，提高自身的绩效水平。

2.制订明确的计划。在反馈中，高职院校管理者可以与教师一起制订一个明确的计划，帮助教师更好地实现目标。计划要具有可操作性和可行性，并且涵盖教师需要做出改进的措施。这样可以使教师与高职院校管理者之间建立良好的沟通和合作机制，共同实现工作目标。

3.记录和追踪。在进行绩效反馈时，高职院校管理者还要注意记录和追踪教师的改进情况。这样可以及时发现工作中的问题并进行及时纠正，以确保教师的工作和绩效有一个良好的提高。绩效反馈是一项比较复杂和烦琐的工作，但如果遵循上述原则并采用有效的反馈方式，则可以为教师的绩效提升和工作改进带来重要的帮助。

第四节　绩效考核的主要方法

一、360度考核法

360度考核法是一种先进的多角度进行得比较全面的绩效考核方法，近年来已被广泛应用于高职院校中，并被称作全方位考核法或全面评价法。相较于传统的考核方式，360度考核法具有许多优势，但也有一些缺点需要在运用时注意规避。

首先，360度考核法打破了传统考核仅由一个上级考核下属的模式，避免了传统考核中考核者可能存在的偏紧、偏松和个人偏见等现象，它可以更加全面地考核教师的绩效[1]。在传统考核中，往往只有一个考核者，无法全面评估教师的表现，但 360 度考核法则能够从多方面获得教师的信息，从不同的角度看待教师，使考核更加准确和客观[2]。

其次，一个教师要影响多个考核主体是困难的。管理层从多方面获得的信息更加准确真实，能够更好地反映教师的业绩。在传统考核方式中，只有一个考核组织来考核教师，而在 360 度考核法中，教师会接受来自多个不同层级的、职务不同的考核者的评价，从而更加客观地反映出教师的表现。

再次，360 度考核法可以反映出不同考核主体对于同一教师不同的看法，从而多方面地反映出教师的各方面能力，从而更加客观准确地反映教师的实际业绩。在传统的考核方式中，仅从一个考核组织来考核教师，无法全面反映出教师的各方面能力，而在 360 度考核法中，可以综合多方面的评价来反映教师的实际业绩，更加全面。

最后，360 度考核法在一定程度上增加了教师的自主性和对工作的控制，有利于提高教师的积极性和忠诚度，从而提高教师的工作满意度。360 度考核法能够让教师参与到管理之中，积极参与到自己的绩效考核中来，使得教师能够更加积极地投入到工作中去，从而提高教师的忠诚度和工作满意度。

虽然 360 度考核法具有较多的优点，但也存在一些缺点需要注意。首先，考核成本比较高，会对高职院校的经济造成一定的压力。其次，考核流程相对较为复杂，需要进行专门的培训，这也会给高职院校带来一定的负担。此外，可能会出现利用打低分

---

[1] 何会景 . 中天物流公司客服人员绩效考核体系再设计 [D]. 天津 : 天津工业大学，2013.

[2] 段海 . 新时期国企青年人才培养机制的探究 [J]. 管理观察，2018，（8）：2.

发泄个人对教师不满的情况，导致教师的绩效受到不必要的损害。
因此，在运用360度考核法时，应该注意尽量规避其缺点，力求
使其发挥出最大的优势。高职院校应该加强和完善对该方法的培
训和指导，尽量避免出现人为的干扰，让该方法发挥最大化的作
用。尽管360度考核法存在一些缺点需要注意，但是其优点明显。
它能够全面、客观地反映出教师的实际绩效，有利于提高教师的
工作满意度和高职院校的管理效率。因此，在适当情况下，高职
院校应该积极采用该方法，从而提高高职院校的整体效益。

二、目标管理法

目标管理法是一种协调组织和个人目标的绩效管理法，其存
在的意义是为了提高管理能力和绩效水平。它的核心理念是确保
组织中每个人都清楚自己的职责以及如何实现这些个人目标，并
从目标的达成中获得成就感和激励。

目标管理法的实践过程是一个逐步迭代的过程，包括为整个
组织设定目标、确定关键绩效指标、为每个人设定目标和制订行
动计划、定期跟踪和评估进度、制订后续行动计划等。这个过程
旨在确保每个人的目标与整个组织的目标保持一致；确保所有人
了解他们的组织目标，并为实现这些目标采取正确的行动，从而
提高组织绩效和个人表现，并增加教师的满意度。

目标管理法具有多个优点。首先，它能有效激励教师，促进
教师与组织共同进步。其次，它有助于教师明确任务和责任，提
高效率和质量。再次，目标管理法强调定期沟通和反馈，因此
需要建立更强的团队合作和双向沟通机制。最后，它提供了一
种有效的管理方法，高职院校管理者可以通过该方法更好地理
解组织目标和任务，以便实现组织目标。然而，目标管理法的
实践也存在一些缺点和局限性。首先，将目标作为激励工具时，
往往会过分关注短期目标，忽视长期规划和发展。其次，为了

使教师与组织目标保持一致，管理者有时会设定困难的目标，导致教师压力过大或产生不满情绪。再次，由于目标管理法需要提前制订计划和预测，难以应对不断变化的市场和环境。最后，目标管理法的实践成本较高，需要不断投入时间和资源，增加组织的运营成本。

在实践目标管理法的过程中，管理者需要具备多种能力。首先，管理者需要确保所有教师明确自己的任务和目标，以便集中精力完成这些目标。其次，管理者需要提供教师所需的资源和支持，以帮助他们实现目标。此外，管理者需要建立良好的沟通渠道，及时提供反馈，鼓励教师共享信息和知识，促进团队合作。最后，管理者需要在实践过程中不断调整目标，以适应不断变化的市场和环境。

综上所述，目标管理法是一种行之有效的绩效管理法，它通过确保组织中每个人都了解自己的任务和目标，帮助组织提高绩效和管理能力。尽管目标管理法存在一些缺点和局限性，但它仍然是一种非常重要的管理技术，值得高职院校广泛应用。

三、关键事件法

从管理学的角度来看，绩效评价是高职院校管理者必备的技能之一。因为绩效评价直接关系到教师的激励、奖惩、晋升和薪酬等重大决策，影响着高职院校的整体绩效和教师的工作动力。而关键事件法是一种简单、易行且有较高准确性的绩效评价方式。

首先，关键事件法基于教师在工作中的关键事件，即教师在工作中所做的特别好的和特别差的事情来衡量其工作绩效。这些关键事件必须是与工作内容直接相关的，真实可信的，能够表现教师的能力和业务水平。对于这些关键事件，高职院校管理者应及时记录其发生时间、具体描述和评价意见，以便后续评价使用。

其次，关键事件法的评价过程需要有明确的时间节点，通常是半年或一年之后，以便于统计和对比分析教师的工作表现。此外，高职院校管理者在收集并记录教师关键事件的时候，需要充分观察、细心记录，不可遗漏重要事件，应用到后面的绩效评价中。

再次，关键事件法最大的优点是，可以为绩效评价提供确切的证据并确保评价结果的客观性和公正性。因为高职院校管理者在评价时，会以相关记录为依据，进行事实分析，避免了主观臆断的情况发生。同时，这种评价方法也可以避免过分强调单一时间段的表现，更能够反映教师整体的工作表现[①]。

最后，还应该注意关键事件法的缺点。毕竟记录教师关键事件需要高职院校管理者花费大量时间去搜集、筛选和记录，如果只关注于重要的"特别好""特别不好"的事件，则会忽视教师的平均水平。

此外，关键事件法无法具体衡量教师在非关键事件中的表现，不能全面反映教师的工作情况。总之，关键事件法是一种简单、客观、易行的绩效评价方法，它可以为高职院校的绩效管理和教师管理提供有效的决策依据。因此，各高职院校有必要加强教师关键事件的记录、管理和整理，真正把它应用到绩效评价当中。

---

① 张安朝，尹作为 . 论职业学校"双师型"教师队伍建设 [J]. 河南科技院校学报，2010，（008）：33—35.

第二章　高职院校绩效管理概述

第一节　高职教育的组织结构与教师特点

高职教育在高职教育系统中扮演着重要的角色。高职教育机构是在特定的教学制度下成立的，按照特定的规章制度，以实现高职教育目标为使命。这些机构是从中专、高职、专科等学校合并或升级而来的，其内部管理制度大多延续原有的模式或参考了大学的模式。然而，目前在部分高职院校中机构重叠、职能交叉和机构臃肿的问题仍然存在，这是高职教育的制度性障碍。造成这种现象的原因有很多，既有内部的因素，也有外部的因素。高职教育机构的内部组织结构不足是一个不容忽视的问题。其关键原因在于管理者对高职院校的特征缺乏深入探讨，致使其科学性和合理性与高职院校的发展要求脱节。

一、高职教育的特点

高职是为生产、建设、经营、管理等行业培养人才的基地。高职教育具有较强的应用能力和较强的专业技能，定位于满足社会需求，突出"应用"，突出"技术运用能力"，依托"双师型"师资队伍，走产学合作之路。为此，高职教育应在专业设置、教学内容、教师队伍等方面进行改革，在产教融合等各方面有着与一般高职院校所不一样的特色。

（一）学科的性质

高职教育是一种最直观地与社会、经济发展紧密联系的现代化教育。它所涉及的专业是根据技术行业、行业、工作岗位的需要而设立的。社会对工作岗位的要求是不断变化的，要有其灵活性、多样性，这也就意味着在工作岗位的设立与建设方面存在着一定的复杂性。

（二）有针对性地讲授课程

在对高职院校的教学要求方面，高职院校并没有对理论的系统性和完备性进行过分的追求，而是将"必需、够用"作为一个标准，将实际应用作为一个着眼点，遵循"实际、实用、实效"的原则，来构造新的教学内容。例如加拿大 CBE/DACUM 的"基于能力的教育系统"的培训模型，就是为了发展一门新的课程，而这需要更多的灵活性。

（三）建设"双师型"教师团队

相对于一般院校而言，高职院校的师资不仅要具备更强的综合素质，还要具备更强的专业技能运用和组织管理的素质，具有很高的社会实践和知识创造的技能。如果希望在自己的专业中担任讲师、教授，同时担任工程师、经济师、会计或技术人员，这就需要高等高职教育学校加强与社会的沟通，加强对师资力量的培养。培养出一支具有较高学术水平、较高教学水平和较高实际工作能力的"双师"乃至"多师型"专职、兼职的师资力量。

（四）产学研合作和"双证制"

产学协作式教学是指运用学校与行业、高职院校的不同的教学资源和教学环境，培养适合于生产、建设和管理的高等高职教育学生，为前线应用人才提供最有效和最根本的服务。高职院校既要培养具备较强的实际操作技能的人才，又要使其在拿到毕业证的时候取得与之相适应的专业技能。所以，在高职院校中，实践教学占据着举足轻重的地位，而实训基地的建立又是高职院校的一项关键工作。这体现了"高职院校参与，合作办学"的理念，很好地解决了实习基地、兼职教师、毕业生就业等问题。也正因为高职教育所具备的区别于一般的本科和其他种类的高职院校的特征，才会对高职院校的组织架构进行灵活的、开放性的和社会性的设计，才能满足学校培养目标、特色办学和发展战略的需求。那么，现行的高职院校的组织结构能否符合高职教育的特定需求呢？要想解答这个问题，就必须对现行高职院校的组织结构设计进行辨析和理解。

二、高职院校组织结构的辨析

（一）单一层级的机构

A类机构对院校层面上的各项工作进行直接指导和控制，通常不设置专门的功能机构，院校层面上也没有独立的机构。它具有组织简洁、指令一贯性、指令实时性、职责和权利清晰等特点。不足之处是：它的管理太严格了，权力太大了，每一件事都要由领导者来决定。

（二）双层式的机构

在这个组织架构中，学校领导层下面设置了各个功能部门，学校领导把一些特定的、具有专业性的指挥权交给各个功能部门。这些功能部门在各自的工作领域中，有权对下级发出指示；而下级则需要严格地执行。这样做的好处是：把学校领导的任务分散开来，使学校决策部门能够更好地专注于事关学校全局的战略问题。不利之处是：可能造成一种"三头六臂"的局面，一盘散沙，难以相互配合。

（三）层次式的机构

在该机构中，由高一级的职能机构或工作人员对低一级的工作进行指导、发号施令，并对其负责；下属单位或教师充当上级单位或教师的顾问，向其提供咨询意见，并给予其工作上的指导。这样做的好处是：不仅可以给领导以适当的授权，而且可以让各个功能单位都有更好的运作。不利之处是：各个功能部门间的分工常常没有明确的边界，一个功能单位很难承担起全面的管理工作，很可能会出现难以协调配合、互相推诿、效率低下的现象。

（四）矩阵型

矩阵型组织结构是在同时进行多个项目管理时的一种应用方式。在学校领导下，设立学系并同时设立若干功能性中心（中心设有负责人）。这样，每个学系或中心的工作人员可以在学系和中心之间担任双重职务，接受双重领导。学系和功能性中心共同构成矩阵结构。矩阵型组织结构的优势在于能够充分发挥有限的人力资源，充分利用高等高职教育学校的多学科和综合优势。不利之处在于其双重性质容易导致工作效率低下、责任边界不清、冲突频发等问题。

对于高职教育学校而言，选择何种组织形式并没有一个统一的标准，每种形式都有其优点和不足。从管理的角度来看，高职院校从单一层级到多层级，再到距阵列，实质上是由集中向分散的演变。从制度管理到个性管理，涵盖了从刚性管理到柔性管理的转变，即从科层导向向技术导向。因此，在高职教育学校的机构设计中，科层性与技术性是否能够相结合，以及这种结合的程度将对机构设计产生何种影响，这是需要考虑的问题。

三、科层取向和技术取向的辨析

德国学者马克斯·韦伯提倡建立一个有条理的机构来消除高职院校内部的人为干扰，实现有效经营。因此，科层导向指的是将科层制度的价值理念和准则作为学校管理的基本原则。它强调统一和遵从，重视行政领导的权力，并强调纪律和控制。与之相对应的是技术导向，它注重个人的成长与发展，提倡自信、自尊和满足感，重视教师的心理满足、交往行为和意见交流。技术导向推崇以人为本的管理模式，旨在充分调动教师的积极性和创造力。

科层型和技术型管理文化和价值观之间的矛盾表现为人本主义与传统主义之间的矛盾。在组织结构方面，科层导向属于集权型、严格的层级控制类型，它重视个体对组织的服从，却忽视了组织对个体的关怀；过于注重组织的强制性，而忽视了组织的人性化。技术型组织则强调以人为本，将人视为一个具有丰富性、精神性和非理性心理意识的客体，人们的行动受欲望、信念和意志的驱动，经营方式注重情感、目标和信念。在这样的经营体制下，高职院校会建立自己的价值判断、行为准则，并形成院校文化，增强内部的凝聚力。可以看出，在价值观导向上，科层型和技术型是相互对立的。如何在机构设计中协调两者间的矛盾是一个值得探讨的问题。

根据美国教育管理学大师霍伊的实证分析显示，科层导向和技术导向可以在学科层次中共存。从教育制度的科学性和技术性两个角度出发，他构建了一个模型，将教育制度分为四种类型：韦伯型，它的行为与决策都是按照一定的规则和程序进行的；权威型，强调权力建立在等级节制之上，约束和规范是组织运行的基本准则；技术型，注重专家和高职院校管理者之间的互动，在学校的决策中，教师拥有更多的权力，尤其是在自己的工作领域中，教师更能享受到更多的职业自主权；混乱型，科层化和技术化程度较高，组织行为处于混乱和冲突状态。基于这一理论框架，实际上，每个职业学校都处于一种发展状态，要么更加科层化，要么更加技术化，具有较高的科层性和较低的技术性，从而形成一种权力导向的管理结构，等级分明；在职业分工方面，教师的职业自主性更强，但权利感较弱。这种以科层化为目标、以技术为目标的组织架构实际上构成了以科技为目标的管理架构。在这种情况下，校园氛围相对较民主、较宽松，矛盾较少，因为管理者不需要过度依赖科层型的强制权力来支配下属。相反，科层化、技术化指标低的组织结构则构成了一种混乱的管理架构。在这种情况下，学校内部的疏离与无序会导致管理效率的低下，教师的工作热情也会降低。

　　等级体系的存在使得高职院校的机构更像是一个严密的行政机构。随着我们加入世贸组织以及经济全球化的来临，社会的政治经济环境已经发生了巨大变化，我们的职业学校在办学思想、人才培养模式、课程设置等方面也发生了很大变化，需要在与社会发展变革相适应的过程中，持续进行内部组织结构的自我调整。高职院校应结合自身的办学特点、发展阶段和规模，制定适应高职院校发展需求的发展策略，并根据高职院校的特点制定内部机构和治理结构。

四、高职院校组织结构设计发展趋势

　　作为与社会、经济发展关系最紧密的高职院校类型，高职院校的专业设置、教学内容和教师结构都是其重要组成部分。职业教育，例如技术训练等，需要及时跟随社会发展，做出快速响应和适应，以满足多元化发展的需求。外部环境对学校进行内部改革的激励，要求学校的内部治理结构能够支持从外部到内部的动态变化，并对未来不可预测的目标和任务做出响应。因此，我们必须重视分析高等职业技术教育机构内部存在的矛盾，并对不合理之处进行改进。在未来的经济、社会发展以及院校发展的趋势下，高等高职教育学校的机构架构将不再是一成不变的，而应强调时代性、有机性和适应性。它应具有多样化特征，如扁平化、柔性化、多元化和网络化等特点。

（一）扁平化

通过以基层为管理力量和信息支撑点，可以降低高职教育机构的管理层级，减少决策和行动的延迟和信息失真，提高学校应对不断变化的市场和竞争的能力，增强应对不确定性的适应能力；可以使学校的政策制定得更加贴近师生，为师生提供更多的服务。这样，学校的基础设施（系、研究所）将变得更具有弹性和创意，并为跨系、跨学科合作提供便利。

（二）柔性化

灵活的高职院校架构可以缩小管理范围，改进纵向交流，使管理者不再扮演命令者和控制者的角色，而更多地扮演教育者和示范者的角色。在这种情况下，高职院校的决策权和控制权可以得到完全的分散，推动高职院校内部人员超越职能部门和机构部门的界限。组织应该包容各方观点，集中智慧，以避免做出独断专行的决定。组织成员应相互克制，不做自私自利的行为，与民主精神相一致，从而获得好处。灵活的高职院校组织既能适应时代发展，又能快速有效地应对各种问题，提高工作效率。

（三）多元化

高职教育是行政组织和学术组织有机融合的体现。不同组织具有不同的价值理念和取向，因此呈现不同的组织形式。高职教育的组织形式越多样化，其协调冲突的功能就越强大。在这种多样化的机构架构下，可以随时建立灵活的机构，避免由于专业化分工而导致僵化和不统一的问题的产生。因此，在机构架构上可以同时存在稳定的机构和临时机构，以实现各阶段的目标和任务。这种方式的优势在于：能够整合复杂且相互关联的工作，避免机构自行其是，提高人才配置的效率；提升高职院校对外部环境的适应能力，为高职院校创造良好的经营氛围。

（四）网络化

高职教育的发展使得其办学过程涉及的学科与机构构成变得越来越复杂，导致不同专业、不同学科、不同机构之间相互交织，形成了网络化的结构连接。网络组织结构是基于合作形成的一种动态连接体，它将组织管理中的行政职能部门（垂直结构）和学术部门（水平结构）相互交叉地结合在一起，通常会有一个核心组织专门负责统筹协调与其他组织之间的关系与活动。利用现代化的信息科技，网络式的组织架构消弭了等级制度，促进了各单位之间的交流，提升了各单位的效能。这种组织架构可以极大地增强高职院校的应变能力和适应能力。

第二节　高职教育教师绩效管理概述

一、内涵

绩效管理作为一种管理方法，旨在改善行政机关的工作质量。这一概念最初源于英国政府部门，后来被广泛应用于政府治理，并已被许多西方国家所认同。在国外经过 20 年的改革，我国政府行为也进行了有益的探索，并逐步建立起一系列较为完善的政府行为理论。英美等西方国家将绩效管理应用于政府变革，取得了明显效果，不仅能有效地降低政府运营成本，还能提升民众的满意度。因此，要改善我国公共部门的经营绩效，必须加强和改进政府的经营绩效管理。在中国，绩效管理是改善公共部门的有效手段之一，伴随着政府机构效能建设的推进而日益受到关注，并逐渐在政府管理中得到应用和推广。

（一）绩效管理的基本原理

目标的一致性原则。对于管理来说，绩效必须确保与公司的目标达成一致。因此，如果高职院校管理者和教师无法在期望的结果上达成共识，就会导致绩效管理失去明确的导向。只有校方和教师们在工作目标上达成清晰一致，才能有针对性地进行绩效考核。

连续交流的原则。尽管制订绩效管理制度是人力资源部门的重要任务，但要实现这一目标，需要各个部门的配合。由于绩效评估涉及所有学校教师的利益，持续的交流可谓解决问题的最佳途径。它不仅可以消除教师在评价过程中的顾虑，还可以促进并巩固以结果导向取代和睦相处的评价准则，使教师在努力工作中形成自觉的行为模式。

以人为中心的原则。绩效考核反映了广大教师的切身利益，即教师的工作表现应成为晋升、轮岗和降职解聘的主要参考依据。在业绩评估中，持续表现优异的教师将形成一个整体，促进学校的发展，而表现平庸的教师将有机会进行轮岗，实现人尽其才，而表现不佳的教师将明智地选择离开学校，寻找其他发展机会。因此，在实施绩效考核时，应考虑到教师的专业成长，指导教师既要做正确的事，又要正确地做事。

（二）对高职院校教师进行绩效管理的含义和原理

在职业教育中，为了实现职业教育发展的目标，需要进行绩效管理。这样可以确保教师和学校拥有共同的目标，并对教师在教学、科研和社会服务等方面的工作进行公平的评估，以确定他们的工作绩效。绩效管理为合理确定教师的薪酬、晋升、培训和淘汰等提供了科学的依据，同时也能发掘教师的潜力，提升他们的工作热情和绩效，进而提高学校的教学质量和竞争能力，实现战略目标。

二、特殊性

（一）高职院校对师资的需求

目前，社会迫切需要大量应用型高等技术人才，并受到政府的重视。然而，在这种有利的发展前景下，一些高职院校却难以存在和发展，主要原因是他们所培养的人才缺乏高职教育的特色。师资的优劣对学生的成长有很大影响，因此师资的质量决定着教育质量。高职院校的办学特色要求其师资队伍必须是"双师型"，既具备扎实的基础理论和实践技能，又具有较强的实践和技术运用能力。构建"双师型"师资团队是提升职业院校办学水平，打造办学特色，培养高技术人才的重要保障。高职院校不仅要树立"双师型"师资的理念，还需要有针对性地培养和激发"双师型"师资。也就是说，高职院校教师既要具备相关从业资格，又要对自己的工作岗位有足够的了解，与工作岗位的需求相融合；只有兼具两者，才能成为真正的"双重教师"。因此，高职院校的师资队伍建设必须围绕"双师"理念，构建科学的师资队伍，并将师资建设与办学特色紧密联系，以确保高职院校能够发展出自己的特色。

（二）高职院校对教师进行业绩考核的方针

在高职院校中，教师绩效管理的根本目的是利用绩效管理系统实施目标管理，确保高职院校能够实现教育目标和学校发展目标，以提升每位教师的工作绩效和胜任能力，构建与高职院校发展战略相匹配的人力资源队伍；提升学校在激烈的知识经济中的综合运营水平，推动学校领导和教师之间的沟通与合作，形成开放、主动参与和互动沟通的氛围；建立以绩效为核心的高职院校文化，提高高职院校的凝聚力，实现高职院校的可持续发展。在我国高等职业教育中，对教师进行绩效管理具有战略目标、管理目标和发展性目标。绩效考核体系可以使教师的行为与学校的战略目标相一致，通过提升个体绩效来促进整体院校的绩效，从而实现战略目标。对教师的工作绩效进行评估，并采取奖惩措施，可以有效激励教师。绩效考核的研究成果可作为高职院校薪酬管理、升职及留职等决策的参考。在绩效管理中，可以找到教师的不足之处，尝试改进其不足，并找出导致成绩不佳的因素；同时，与教师进行交流，提升他们的知识、技能和素质，可推动教师个人发展，这正是绩效管理的发展目标。在高职院校中，教师的绩效管理是不可或缺的、战略性的组成部分。

高职院校教师的绩效考核，是高职院校建设的有效手段。校园文化是学校价值观的体现。绩效管理以学校的长期发展为目标，强调小组合作与个人素质的提升。在制业绩评价指标时，应清晰地反映学校的文化方向，以更好地凝聚教师思想。同时，对教师的言行进行调整，以更好地彰显学校的价值观。

对高职院校师资进行绩效考核，以加强师资队伍建设。在转型时期，引入和强化绩效管理，可以使所有人都能参与其中，提高对教师的管理效率，各层次管理人员的管理能力也将进一步提升。同时，在实施绩效管理过程中所体现的价值观念、管理体制和运行机制等方面的问题也将逐步解决。可以说，在实行职务聘任制度的情况下，对教师进行行业绩考核是一种行之有效的方式。将其引入高职院校并进行改善与完善，无论是对促进我国经济社会发展还是提高高职院校自身发展，都具有重要的战略意义。

（三）在高职院校中对教师实行绩效管理的独特性

在高职院校中，教师的工作与一般职业院校存在差异。两者在人才培养目标和人才质量等方面有较大差别，因此在方向和侧重点上也存在差异。比如高等专科学校的教师主要专注于培养学生的专业技术能力，侧重实践教学，因此他们的工作业绩评价内容与一般高职院校不同。随着高职院校人才培养体系的完善，高职院校也将逐步形成一种新的人才培养模式。在设置专业课程和教学内容时，高职院校与一般大学有所不同，它将专业技术应用能力作为首要目标。因此，对高职院校的教学质量进行评价是一项具有前瞻性的工作。高职院校的教学质量改革应该根据其自身实际情况进行，以突显其独特的意义和价值。

三、意义

在我国，许多高职院校的前身都是私立学校，它们的首要目的是增加专业数量和扩大学校规模等。在当今社会不断发展的背景下，许多高职院校开始认识到，在发展过程中，学校的内部管理起到了至关重要的作用。从目前的情况来看，一些抄袭或模仿普通职业院校的绩效管理方式，由于两者在办学理念、办学特色和办学要求等方面存在差异，因此在高职院校中会出现许多问题。其中包括对绩效管理重要性的理解不足、教师的绩效管理体系尚不完善、绩效考核指标的高职特色不够鲜明、绩效考核结果缺乏反馈与沟通等。有些高职院校甚至尚未将教师的业绩考核付诸实践，仅仅使用一套教师考核制度，而且更注重对学生的学习情况和道德素质的考核，而忽视了高职院校自身的特点。因此，在对职业教育的基础上，要全面评估职业教育中的教师，仍存在困难。一些院校参考了考试制度，对教师进行定量评分，然后根据评分确定教师的考试等级；一些院校利用考核者的主观意愿，统计教师获得的票数，以评定教师为优秀、称职、基本称职或不称职等级。这样的评估具有很大的主观性，教师们也不认同。

目前，我国高职院校的绩效管理主要针对实务类和理论类工作，对研究类工作的管理相对较少。评估通常是在年终、期中以及工作年限等方面进行，没有月度评估。在对职业院校的教师进行绩效评估后，相应的评估者给出相应的分数，并将其与教学质量评估相结合，最终得出总评分。也就是说，在高等职业教育中，绩效管理水平应与奖罚制度的执行情况保持一致，教师的评优评先和聘任等主要通过绩效考核来确定。而高职院校要想获得良好的发展，必须在师资队伍中建立一套较为完善的绩效管理体系，例如师资队伍建设等方面，都必须在其基础上进行科学、理性的绩效管理。在此基础上，建立科学、合理、有效的高职院校绩效评价体系，将成为高职院校内部治理的重要措施。

（一）绩效管理在高等职业教育中的重要作用

当前，我国高职院校正在进行全面的人才培养，因此，建立一套适合我国高职院校实际工作需要的人才培养模式对其发展具有重要意义。在此基础上，职业学校的领导干部需要进行全面的思考、分析和评估。高职院校的业绩考核制度应具备科学、定量的考核指标，并逐步实现多样化。随着国家经济和社会的不断变革，高职院校教育走向务实和创新。加强高职院校的教师绩效管理对于促进其发展具有重要的现实意义。

（二）职业学校实施教师业绩评价的功能

在高职院校中，对教师进行的人事管理是非常复杂的，要尽量做到公平公正，维护好学校的正常教学工作，就必须对其进行绩效考核，从而为学校的人事决策提供一定的参考。这主要体现在以下三个方面。

1. 以业绩评价为基础，以招聘为本

随着我国高等职业教育的不断深入发展，高职院校的学生数量的不断增长，导致师资队伍的空缺问题日益突出，给人事管理带来了巨大困难。在对教师进行绩效评估时，可以获取一套目标性的数据，以便学校全面了解当前的师资力量情况，从而制订师资力量的发展计划；明确引进师资的数量，确保师资队伍的逐步组建和健康有序的中期发展计划，维护师资的和谐与稳定。

2. 在发放补贴时，业绩评估为参照

学校内部的资源分配体制变革是实现按劳分配的关键，因此必须对教师个人的工作时间和质量进行准确评估。根据公平理论，在支付教师工资时应遵循公平原则，以充分发挥全体教师的工作积极性。高职院校人事管理部门必须对教师的工作绩效进行公正评估，确保教师在合理工作中获得相应的物质报酬，以实现工资的内在公平。此外，对于具有较高工作绩效的教师，应给予相应的工资待遇，以保证工资的内在公正性。

3. 以业绩评价为手段对教师进行鼓励

激励是激发个体内在行动动力，促使其朝着预定目标努力的过程。激励既包括奖励，也包括惩罚，是高职院校人事管理中的重要原则。它能够有效评估教师的努力程度和成果，而绩效评估结果与学校给予的奖励密切相关，因此我们认为绩效评估对激励效果会产生直接影响。教师绩效考核通过使用客观的考核制度和标准，评估教师在日常教学中的表现和成绩，并比较和区分个人绩效与学校整体绩效的差异，从而确定奖惩等级[1]。通过绩效评估，可以激励教师在平时工作中更加勤奋，追求卓越，主动适应学校发展，改善工作方式，并营造良好的发展环境。

---

① 高林，林志彬.高职院校教师绩效考核应用研究 [J].科教文汇，2015.

第三章 高职院校教师绩效管理现状分析

第一节 高职院校教师绩效管理现状的调查

近年来，随着教育制度的变革，高等职业技术教育逐渐成为高等教育体系中不可忽视的一部分。现代职业技术教育将传统的职业技术教育从注重教学转向注重技能的教学，注重实用性和服务性的结合。其主要内容是以科技运用能力的训练为核心，提高高职院校在制造领域的整体素质和技能水平，为广大制造行业提供高素质、高技能的专业技术服务。为了达到上述战略性人才培养目标，高职院校需要拥有高素质、高技能的教师队伍，并为其提供积极激发工作热情、充分发掘内在潜能的环境。近年来，我国高职院校的教师队伍建设取得了长足进步，但部分高职院校的教师团队建设仍处于起步阶段。根据我国对高等职业教育的工作需要以及目前高等职业教育所面临的问题，将绩效管理深入到高等职业教育的各个领域、各个环节中已迫在眉睫。绩效考核是一种科学、动态的评估方法，对于提升教师的基础素质、工作效能，促进教师队伍建设，改善工作作风具有重要的现实意义。

在高等职业教育中，业绩管理问题显得更加突出和特殊。这既是因为绩效评估是一项重要的管理方法，具有综合效果，也是因为高职院校在整体上推进了教育与教学管理体制机制的改革，将高职院校的发展特点与教师的表现特点相结合，建立了一套完善、科学合理、符合实际的教师绩效管理体系。这有助于高职院校健全完善并进行创新，同时可以促使广大教师对自身的优点和缺点有更多的认识，从而更好地促进激励和自我激励的动力。此外，也需要教师在思想、工作和学习上进行自我更新、自我完善和自我提高。同时，提倡并实施绩效管理的竞争上岗制度、奖惩激励制度和透明管理，通过采用扁平管理模式和高信任共识机制，为营造一个平等、理性、竞争并存的良好氛围，进而提高学校整体领导队伍、管理队伍、教职工队伍的工作品质以及教学品质。可以说，在高职院校中，全面推动绩效管理的改革创新是关系到其是否能够健康稳定发展的关键因素。

一、我国高职院校业绩评价体系现状

效益管理关注于教师的全面发展，建立清晰的业绩评价体系是其中重要的环节。高职院校通常都有一套教师考核制度，对考核的奖惩、考核目的等都有具体的规定。在考核开始前，学校会做出具体的考核安排，并发布考核通知。考核结束后，会公开考核的程序、方法、内容和结果。这些内容有些只公开给教师本人，有些则是公开给有关的领导。许多高职院校采用了"勤、廉、能、德、绩"五个层次对教师进行评估。目前，高职院校普遍采用的是综合型的教师评估，每个职业学校在具体指标上可能有差异，但有一个共同点，即注重教师在过去的考核期间或一年中取得的教学成绩，而不仅仅关注如何利用过去的成就来发现问题并指导教师未来的工作。

在对教师进行绩效管理时，教师的工作任务根据任务量来完成，通常以可量化的方式，如以"绩""勤"来确定。其中，科研成果、教育质量和学生学习成绩是关注的焦点。然而，在"德""能""勤"三个维度上，缺乏一套切实可行的考评办法。在实际工作中，评估的尺度不明确，主观因素较多，这直接导致考评的可信度不高，无法得到教师和同学的完全认同。通常情况下，采用量化打分方法对教师进行考核的学校会参考考试制度给每个老师打分，然后根据得分确定相应的考核等级。而在主观评价的学校中，考核者通常根据自己的主观意愿直接给教师划定级别，然后对各个教师的考核成绩进行统计，根据票数等次的比重或排名来判断。最后，对评估结果进行最终的评定。评估级别通常分为不合格、基本合格、合格和优良。

二、绩效考核的周期、程序和奖罚

在高职教育的绩效管理中，可以对其进行绩效评估的职位一般分为两类：一类是实践教学职位，另一类是理论教学职位。很少有学校会单独设立研究职位。考核的时间分为聘期、年度和学期，很少有每月的考核。普通高职教育的评价方法多采用个别述职、总体统计、综合评价等方法。在进行考核时，主要由教师对自己过去一段时间的工作进行总结，然后考核者会根据教师的述职总结做出评价。在评估教师时，许多高职院校往往将教育品质与教师的评估相结合。然而，这个过程通常存在以下几个问题：首先，被考核的教师在对自己的工作进行总结时，往往会过分强调自己所做的工作和取得的成就，而很少提到自己的缺点或不足之处。第二，由于评估标准不够明确，很难按照标准快速评估教师的工作。因此，经常会有考核人员根据与受测者的亲疏关系等因素对其进行评分，这明显偏离了绩效评价的初衷。一般来说，如果一所高职院校能将绩效管理做到细致，则其奖罚制度也会相对完善。相反，如果对业绩进行粗放管理，其奖励与惩罚制度也会相对薄弱。

在高职教育的内部管理体系中，教师绩效管理的重要性日益突出。高职院校管理者和主要领导将重点关注探索实用、有效和科学的绩效管理方法。高职院校对教师的绩效考核以教师的岗位职责为基础，对其在工作岗位上展现的政治思想、职业道德、工作实绩等进行系统评价，全面评估教师的岗位胜任能力。考核结果将通过多种形式反馈给被考评者，并最终体现在与教师的直接利益相关的薪酬、福利、奖金和职称等方面。总的来说，目前的高职院校教师绩效考核体系为教职工提供了相对公平、公正和合理的竞争空间，对激发教师的工作积极性、主动性和创造性起到了重要作用。

第二节 高职院校教师绩效管理存在的问题及分析

一、高职院校教师绩效管理存在的问题

（一）业绩管理和业绩评价的相互交叉

在高职院校中，业绩管理和业绩评价的相互交叉是很常见的问题。目前，部分高职院校的领导对于绩效管理和绩效考核的概念认识还比较模糊，在实践中常常混淆使用。许多人把业绩评价等同于业绩经营，这种认识导致了业绩评价在实际中难以真正发挥作用。在实践中，绩效考核主要是对教师的工作表现进行评价，而绩效管理的内涵更广泛，主要通过制订绩效计划、进行绩效沟通与指导、进行绩效考核与评价等方式来实现组织的目标，执行绩效诊断，提高绩效目标，以及其他行政流程。因此，业绩评估是高职院校业绩的重要组成部分，它是高职院校业绩评估过程中

的一个阶段。

高职院校的业绩管理能否得到切实实施的关键在于其是否有效。而业绩评价是衡量业绩是否达到预期效果的重要指标。此外，在当前的教学管理制度下，部分职业学校将绩效管理与绩效考核并列，而绩效考核仅仅指制订考核文件、收集考核资料和公布考核结果，在这样的背景下，许多教师对绩效考核并没有给予足够的关注，认为这些考核最终只是为了评优评先而进行，而另一些人则认为，在工作中，绩效考核只是一种对工作结果进行的考核，并无实际意义。

（二）未充分反映职业教育特色

高职教育的主要任务是培养具有实际应用能力的高级技术专门人才，为生产、经营、管理和服务第一线提供教学工作。目前，服务行业和其他行业的专业技术人员既需要具备扎实的基础理论，又需要具备较高的实际工作技能。因此，相比普通高职院校的教师，高职院校的教师工作更加繁杂。作为一名高职院校教师，除了必须具备师德、业务能力和文化素养外，还需要具备一定的科研素养、实践操作技能和自主创新意识。过去，在对高职院校教师进行绩效评估时，评估标准大多参照普通职业院校的教师评估标准，难以真实地反映教师们的工作状况和工作业绩。

（三）重视程度仍待提高

当前我国高职院校人才培养中存在一个重要问题，即没有按类别进行绩效管理。在我国高等职业教育中，尚有高职院校未建立一套系统化、行之有效的教师绩效管理制度。高职院校管理者并没有意识到绩效管理是一个可持续、有效且动态的过程，对绩效的重视程度较低。因此，如果不能确保制订绩效计划，进行绩效沟通与指导，进行绩效评估与评价，以及应用绩效结果、提高绩效目标，那么绩效管理将变成一种形式主义，忽视了对自身的检查和总结，最终使得绩效考核失去意义。在绩效评估结束后，由于高职院校管理者和教师之间缺乏有效的交流，导致对机构的工作无法得到认可，使得整体业绩评估未能回到原位。这不仅未实现高职院校的绩效管理目标，还导致高职院校在经营过程中未能有效处理问题，进而无法提升经营水平，使得整体业绩更加受影响。因此，对高职院校教师绩效管理的重视程度亟须提高，确保建立科学的管理体系，加强高职院校管理者与教师之间的沟通和交流，以推动绩效管理的有效实施。

（四）缺少对业绩管理进程的回馈和交流

目前，我国高职院校在进行业绩评估时，缺乏对评估结果的有效交流，往往只是通过张贴公告、下发正式文件等方式处理。高职院校管理者未对绩效考核结果进行深入分析，也未与被评估者就考核结果展开沟通，导致"干得好和干得差一样"的情况出现，工作绩效出色的教师未得到鼓励，工作存在问题的教师也未意识到问题所在，继续保持现状。如果不能从根本上改善高职院校的整体业绩，高职院校业绩考核将毫无意义。在业绩评估工作中，考评后的关键环节是评估交流，其目标是使受评者认同评估本身，了解自身的优点和不足，并提出纠正对策，这也是业绩管理的目标。绩效评估的结果并非考核的终点，它只是让被评估者找到自己表现不佳的原因，例如能力问题或工作方式等。只有加强评估后的双向交流，高职院校管理者才能发现学校管理中的缺陷和问题，让教师真正认可评估结果，从而对学校的绩效管理提供帮助，有效提升高职院校的整体效益，实现经营目标。

因此，需要加强对教师业绩评价的交流与反馈机制，确保评估结果的透明公正，并制定制度化的激励措施，以提高教师对绩效管理的重视和持续改进的意识。

二、高职院校绩效管理存在问题的根源

（一）对教师的绩效管理观念还未达成共识

目前，在很多高等职业教育中，由于缺乏有效的管理手段，导致学校高职院校管理者将绩效考核视为一种简便而切实可行的手段，通过业绩成果对人员进行约束。然而，由于对高职院校业绩评估缺乏系统性认识，高职院校业绩评估常常成为高职院校战略管理中存在问题的一项重要内容，出现了"为评估而评估"的情况。考评方式单一，不利于对工作业绩进行有效评价，并且缺乏一种有效的、综合的绩效管理方法，从而影响了高职院校的绩效管理。许多高职院校虽然设立了人事办公室（科），但没有一个具体的部门负责教师绩效管理。人事处在教师招聘录用、考勤记录和档案资料管理等方面进行了大量研究，但对绩效管理、教师培训和职业规划等相关工作涉及较少。一个优秀的管理体制是实现绩效管理的必要条件和保证。如果没有相应的管理体制，即使有优秀的绩效管理思想和方法，也很难在实践中取得成功。由于很多高职院校尚未建立相对完善的管理体系，因此在诸多管理行为中缺乏章程，导致对教师的绩效评价不够全面和公正，进而影响评价的参考价值。这不仅影响了教师的积极性，也影响了院校的整体业绩。完善的绩效管理系统包括绩效规划、绩效沟通、绩效评估、绩效反馈和绩效改善等五个层面。然而，目前大多数高职院校尚未建立起一套完善的人才培养制度，仍处于人才评价和培养的初级阶段，缺乏将人才培养与绩效管理相结合的做法。他们将业绩评估视为绩效管理的一种方式，只是在年底填写几份评估表格，对教师进行考核，然后将考核结果与工资、奖金和晋升挂钩。培训也并不被重视，仅仅是为了评价而评价，忽略了表现计划、表现反馈和表现沟通等与业绩改善相关的行政工作。

目前，在我国的高职院校中，教师的业绩评价存在一些问题。首先，评价结果缺乏双向交流，评价标准过于片面，且评价指标过于偏重量化方面；其次，高职院校教师的考核制度存在一些不完善之处，例如考核职能不够全面，考核内容过于形式主义，以及考核对象过于单一。

此外，我国高职院校教师的业绩评价制度还存在一些问题。第一，评价方法不够科学化，缺乏科学的评价方法来衡量教师的绩效。第二，考核时间安排不够科学，需要更合理地安排考核的时间。第三，评价标准的制订也需要更科学化，确保评价标准的准确性和公正性。尽管许多高职院校在每年伊始会发布工作计划，并组织各教学系（部）进行学习，但却没有有效地将学校整体目标分解到各系（部）。各教学部门会根据自身的工作指标制定工作方案，但却没有将部门工作指标具体到各个部门。由于没有将策略目标逐层分解给每位教师，并让每位教师对策略目标的实现承担全部责任，因此无法真正提升整个教育系统的效能。要实现整个业绩管理系统的有效运行，需要做好一系列基础工作，如岗位分析、工作流程和目标管理系统的建立，以及机构设置和人员配置等。然而，就目前我国高职院校对教师绩效管理的现状而言，这些基础工作还不够完善，例如岗位分析、工作流程和目标管理制度等方面仍存在不足。此外，绩效评估的基础工作，如评估机构的设立和人员的配置，也未能为教师的绩效管理提供充分支持。

（二）管理者对绩效管理缺乏了解

目前，部分高职院校的高层管理者对学校绩效管理的本质还缺乏足够的了解，这是当前学校绩效管理工作中一个较为突出的问题。特别是，学校领导没有充分履行自身的职能，他们只是经常通过文件来执行绩效管理，而没有从实际情况出发进行绩效调查和研究，导致对绩效管理的重视出现偏差，也没有意识到这方面的不足。首先，他们将绩效管理视为对教师的一种处罚手段，或仅仅将其用于对教师进行奖励和处罚。其次，他们将绩效管理视为一项行政工作，没有清晰地界定自身在绩效管理中的角色定位，导致在工作中各个绩效管理环节未能得到有效贯彻。由于这些缺乏战略上的规划和安排，高职院校的业绩评价很难达到预期效果。

（三）中层管理人员的积极性不高

在高职院校的绩效管理过程中，中层管理人员是一个不容忽视的群体。这是因为中层管理者不仅承担管理的相关职责，还要兼顾教育工作。在动态的绩效管理过程中，中层管理人员不仅要将工作任务直接传达给上级，还要依据考核与评估制度来完成对教师工作任务的评估。如果教师们对自己的考核结果不满意，很可能会提出投诉，甚至寻找问题，这给中层管理人员带来了巨大的压力。

（四）业绩考核没有触及教师的利益根本

绩效管理的根本目标是促进教师业务水平和工作效能的提升。然而，现行的激励制度通常仅限于薪酬方面，忽略了其他方式，比如职称晋升、岗位调整、授权以及持续学习和培训等的应用。因此，需要对激励制度进行扩充和优化。

在高等职业教育中，有一种"共识"认为，人事工作应该由人事部门负责，而绩效工作则应属于人事工作。因此，一些院（部）长只下达绩效考核的指令，并由人事办公室提供表格，其余的事情都由人事办公室处理，他们并没有过多关注其他事项。

在这种情况下，绩效管理变成了一种严肃却空洞的形式。要使高职院校的绩效管理制度真正发挥作用，管理者必须对其有更深入的了解，并进行更深入的研究。

例如，在绩效考评目标上，如果以引导职业学校内部的利润分配、为工资和红利发放提供依据为目标，就会导致只重视考评结果而忽视策略标尺。其实际坏处在于：一是难以设定评估目标；二是评价结果难以确定，评价指标的方向性不强；三是高职院校业绩评价的有效性较低。对教师的实际考核并不意味着用大棒来打击教师，也不应是毫无原则的妥协。教师的绩效管理不应创造差距，而是要发现教师的优点和不足，发挥其长处，避免其短处。

目前，我国部分职业院校对职业教育的认识存在偏差，这也是职业教育激励作用不强、改革难以成功的主要原因之一。引入教师绩效管理到职业教育中时，全面的绩效管理理念对职业教育起着至关重要的作用。学校应该遵循自上而下的原则，从学校决策层到教学系（部）高职院校管理者，再到普通教师，引导职业教育进行全面的绩效管理，以保证职业教育的质量。

绩效管理应该被看作是一种提高教师教育教学能力的机会，通过与他人的沟通和交流，教师能够从中获得反馈，了解自己的优势和劣势，并有机会改进和提高自己的教学质量。为了确保绩效管理的有效实施，管理者需要制定一套合理的绩效评价指标体系，并提供相应的培训和支持，以帮助教师理解和适应新的评价体系。同时，需要建立一种积极向上的工作氛围，鼓励教师相互学习和共享经验，共同提高。此外，还需要加强学校与教师之间的沟通与协作，为教师提供适当的奖励和激励措施，以激发他们的工作热情和创造力。通过这些措施的落实，可以更好地实现职业教育的绩效管理目标，提高教师的工作效能和学校的整体绩效。

第四章 高职院校教师队伍建设与优化

第一节 高职院校教师的队伍结构

一、教师队伍结构

教师队伍是高职院校教育事业的重要组成部分，扮演着至关重要的角色。为提升高职院校的师资队伍素质和水平，优化教师队伍的结构是关键。

教师队伍的结构涵盖了多个方面，包括教师的学历水平、职称结构、专业组成、学科背景、年龄组成和性别比例等。教师的学历水平是评估教师职业素质的重要指标之一，高学历意味着更高的教育水平和更好的教学质量。职称结构分为教授、副教授、讲师等级别，直接影响学校的办学层次和发展方向。优质的专业组成有助于学校的学科建设。教师的学科背景直接影响着课程编写和教学的质量。年龄组成和性别比例则关系到教师队伍的稳定性和多样性，也对教育教学质量产生重要影响。除了上述非隐性因素，教师队伍的结构还包括隐性因素，即单个教师的教学水平、科研水平、思想道德水平、知识层次、实践能力以及对学生教育

的能力和学生的喜好度等。尽管这些因素难以量化，却是师资队伍结构的重要组成部分。教师队伍结构的隐性和非隐性因素相互影响、相互渗透。因此，高职院校应综合考虑这些因素，优化师资队伍。

为提高师资队伍的素质和能力，可以采取一系列有针对性的措施。首先，完善教师招聘机制，科学制定招聘标准，提高教师的学历、职称、学科背景和专业能力。其次，通过培训和教育提升教师的教学、科研、管理和实践能力。此外，可以建立激励机制，激发教师的工作热情和创造力，鼓励他们积极参与教学改革和科研活动，不断提高教育教学质量。教师队伍的管理是一个综合性、复杂性和长期性的工作。教师队伍的管理目的是根据高职院校教育发展的特点和目标，按照人尽其才、人尽其用的原则，打造一支高水平的师资队伍，促进高等职业教育的健康发展。通过有效管理和优化教师队伍的结构，可以提升高职院校的教育教学水平和质量，帮助学生实现个人发展目标。

总之，建设一支高素质、高水平的教师队伍是高职院校教育优质和持续发展的关键。通过优化教师队伍的结构，能够稳步推进高等教育的整体发展，培养更多优秀人才，推动国家科技和经济的进步。

二、教师队伍结构的构成

（一）教师的年龄结构

教师队伍是院校教学科研的主力军，其质量和结构对学校的发展起着重要作用。其中，年龄结构作为教师队伍结构的重要组成部分，对于教育质量具有举足轻重的影响。因此，建立合理的年龄结构对学校教育的质量至关重要。

在教师队伍的年龄结构中，椭圆形结构具有明显的优势。这种年龄结构以中青年教师为主，年轻教师和年长教师的比例较少，能为学校带来稳定性和活力。中青年教师对于掌握当代教育方式和理念具有独特优势，他们更具有创新意识，能够提供更高质量的教育服务。同时，高比例的年轻教师也是增长型结构的特点，尽管他们在教学经验和专业水平方面可能还不够成熟，但他们具备强大的发展潜力和活力，能够注入新观念和创新思维。然而，若教师队伍呈下降型结构，即以年长教师为主力军，虽然这些教师在教育经验方面丰富，但由于思想观念较为保守，难以适应新的教育方式和理念，将给学校的教育质量带来消极影响。

学校应高度重视教师队伍的年龄结构，并积极发掘年轻教师的潜力。为此，学校可以加大对年轻教师的培训和学习机会，提高他们的整体素质。同时，学校可以建立一套合理、科学的教师激励和评价机制，为教师们提供更大的发展空间和机会，从而提高队伍的整体水平。因此，学校应注意建立合理的教师队伍年龄结构，加强对年轻教师的培养和发展。学校可以搭建适合教师的激励机制，引导教师积极开展教学和科研工作，进一步提升教师队伍的素质。这样学校能够提供更优质的教育和服务，为学生的成才之路提供坚实的支持，同时回馈社会。

（二）学历结构

教师队伍的学历结构是衡量院校教师队伍水平的重要指标之一。教师的学历层次普遍较高，其中研究生学历人数占多数，这对于师资队伍建设和教学质量的提升具有积极意义。学历的高低与个体素质之间存在明显的正向相关性。然而，学历高并不意味着教师个人能力强，因为教育领域的变革和升级速度较快，教师需要具备更新迭代和自我更新的能力，而强大的终身学习习惯则是评判一个人素质的重要标志。一些学历水平尚待提升的教师也可以通过不断提升自身的教学能力和积累教学经验，提高自身的综合素质和学历水平。因此，学历结构并不是唯一的衡量标准，教师个体的能力和素质同样重要。

总的来说，教师队伍的学历结构在一定程度上反映了该院校在学术水平、科研水平和教学能力方面的现状和发展趋势。然而，院校应该意识到，学历仅仅是评估教师能力的一个方面，更重要的是关注教师的教学经验、教育理念、创新能力和终身学习能力。院校可以通过提供培训机会、支持教师参与科研项目和教学改革活动等方式，不断提升教师队伍的整体素质，以更好地满足学生的学习需求，并推动学校教育的发展。

（三）职称结构

职称结构是反映院校教师队伍教学能力和学术水平的重要指标之一。教师的职称评定不仅是教师个人职业生涯中的重要节点，也是学校提升教师整体质量和水平的关键。职称评定是衡量教师专业技能水平的重要体现，院校教师职称的分布情况反映了教师队伍在科研水平和学术能力方面的状况，高级职称人数与院校教师队伍水平呈正相关。

一般情况下，大多数院校的教师队伍中副教授数量最多，而教授数量较少。一些教学能力和学术水平较低的讲师和助教可能没有获得职称。然而，这种模式正在逐渐改变。院校不断提升教师职称申请的门槛，而高级职称评定的人才流失也可能成为一个风险因素。因此，院校的职称结构不仅需要关注高级职称的数量，还要注意初级职称的比例和人才培养机制。为了优化职称结构，院校可以采取多种措施。首先，院校可以加强对初级职称教师的培养和支持，提供专业发展和学术成长的机会，鼓励他们积极参与科研和教学改革。其次，院校应该重视高级职称评定的过程，确保评定程序的公正性和透明度，为优秀教师提供发展空间和机会，吸引人才留在院校。此外，院校还可以建立激励机制，通过奖励和荣誉来鼓励教师积极追求职称的提升。通过关注职称结构，院校可以有效提升教师队伍的整体水平和学术实力，进一步推动学校教育的发展。这将有助于提供高质量的教学和科研成果，为学生提供更好的教育服务。

（四）学缘结构

学缘结构是衡量院校教师队伍背景和专业能力的重要指标之一。它反映了教师所获得学位的层次和质量，以及毕业院校的水平和所取得学位所属学科在院校中的地位。这些因素对于教师个体的素质、视野和科研风格等方面具有重要影响。对于院校而言，学缘结构具有重要意义。当教师队伍的学缘结构呈现多样化的特点，包括不同层次院校和学科背景的教师比例，教师团队的组成就会更加多元化，从而拥有更丰富的教学体验，并更有利于互相学习和交流。此外，如果院校希望提升教学和科研水平，那么教师队伍中专业领域的专家和具有学科交叉背景的科研人才就成为提升教学研究成果的必要条件之一。

总的来说，学历结构、职称结构和学缘结构都是衡量院校教师队伍的重要指标。通过这些指标，我们可以了解院校在教学和科研水平上的现状和发展态势，以指导和改进院校的师资队伍建设，提高整体的教学和科研水平。因此，院校应该关注这些结构的合理性和多样性，积极引进具有丰富学缘背景和专业能力的教师，推动教师队伍的多元化发展，为院校的教育事业做出更大的贡献。

（五）人才结构

"人才结构"是一个重要的概念，用于描述将构成人才系统的要素以不同形式组合起来的方式，包括个体结构和群体结构。个体结构是将个体内在的不同要素进行分类组合，以达到最优效果；

而群体结构则从构成人才群体的角度出发，寻求最佳排列组合，以构建完美的人才组合。

在教师队伍中，人才结构尤为关键，是打造高端人才的重要保障和核心竞争力。一个合理的教师队伍结构能够充分发挥教师团队的优势力量，提升教育教学质量。如果教师队伍结构不合理，将造成人才的浪费，影响教育事业的发展水平。从纵向和横向的角度，人才结构也可以进行分析。纵向的人才结构是按照不同层次进行划分，例如教师队伍中的职称等级。这样的分类可以清晰地展示院校职称的配置关系。一个合理的分配比例应该呈现金字塔状。横向的人才结构则是按照不同类别进行分类，例如科研人才、技术人才、管理人才、交通技术人才等。这些不同类别的配置之间的联系形成了人才结构的组合。

"人才结构"是一个系统的概念，不能将个体抽离出来进行分析，而是一种最优化的组合模式。只有将个体与群体的要素合理组合后，才能达到最佳效果，提高教育事业的发展水平。在教育行业中，应加强对人才结构的重视和研究，不断调整优化人才结构，为高素质专业人才的培养和发展提供有力保障。同时，我们也要充分认识到，只有优化人才的配置和组合，才能为社会和经济发展带来更强劲的动力和更广阔的空间。人才是社会发展的重要资源和力量，因此人才结构的形成和管理一直受到广泛关注。人才结构的特点可以归纳为系统性、动态性和层次性。具体来说，系统性指构成不同结构要素之间形成一个合理的系统；动态性则指人才结构的构成会随时发生变动，并受到很多因素的影响；层次性指个体之间的差异在能力、价值观和综合素质等方面呈现出不同特征。

在人才结构中，各要素之间相互关联，需要保持系统结构的稳定性和可持续性。为此，建立完整的人才结构体系需要考虑很多因素，包括发展战略、职业规划、绩效考核和激励机制等。同时，动态性需要充分考虑，因为不同的时期和环境下，人才结构的需求会有所不同。在实践中，层次性需要注意不同层次之间的转换和协调，进一步提升整体的质量和效益。培养和管理人才也需要围绕这些特点展开。只有形成一个科学、稳定、适应性强的人才结构，才能更好地发挥人才在社会经济发展中的作用。为了完善人才结构，需要充分发挥各类人才的作用，建立人才层次化的培养体系和激励机制，注重发掘、引导和培养创新型人才和复合型人才，促进各类人才的全面发展和融合，在人才的发展和管理中注重科学有效的方法和手段。随着社会的发展和变革，人才结构也必然不断发生变化。因此，需要持续优化和创新人才结构，不断适应社会的需求和发展趋势，以确保人才结构的可持续性，为促进经济社会发展做出更大的贡献。

二、教师队伍结构的理论基础

（一）结构功能理论

结构功能理论是由美国学者帕森斯创立的理论，其强调研究事物内部构成要素之间的结构和功能，为分析事物的本质和实现目的提供了重要的理论基础。随着社会的不断发展，结构功能理论逐渐得到完善，形成了三种普遍认可的观点。

首先，结构是事物存在的基础方式。从宇宙到微观粒子，所有事物都以其独特的结构形式存在，当结构发生变化时，就会影响事物的性质和特征。其次，事物的构成要素之间的联系形成了事物结构的内在机制。通过对结构的探究和分析，我们能够清晰地认识事物的本质和特征。因此，分析事物的结构需要从构成要素、它们之间的联系以及这些联系的组合方式三个方面进行具体分析。最后，事物的内部结构与功能之间存在着高度的相关性。事物的内在结构决定了其所具有的功能，而功能和结构之间存在多种对应关系。这为研究事物的内在机制提供了启示和指导。

高职院校教师队伍是一个具有结构性的系统,可以运用结构功能理论中的分析方法来研究其结构。通过应用结构功能理论于实践中,我们可以更好地理解和分析事物,以解决实际问题。同时,通过在实践中不断学习和应用结构功能理论,我们能够对理论进行完善和补充,以更好地适应实际需求。结构功能理论的主题是不变的,但其应用具有多样性和丰富性。它能够帮助我们更好地认识事物的本质,揭示事物内部结构与功能之间的关系。在理论的基础上进行实践研究,有助于加深对结构功能理论的理解,并对理论进行完善和补充。通过不断地探索和应用,我们可以拓展该理论的应用范围,并更好地解决教育实践中的问题。

（二）系统优化理论

系统优化理论是一种全面的、系统性的管理思想,不仅适用于教育领域,还广泛应用于其他领域,如高职院校管理、信息技术和经济管理等。库兹涅茨是系统优化理论的创始人,他提出了系统的定义:系统是由若干个元素和相互之间存在着确定的关系和联系的整体。系统优化理论的核心思想是通过协调和优化系统内部各个要素之间的关系,进一步提升整个系统的效能。

在教育领域,教师队伍是一个非常重要的组成部分。因此,对教师队伍的优化和管理显得尤为重要。教育系统应该根据系统优化理论,注重教师个体之间的沟通与协调,以促进教师队伍整体素质的提高。同时,在教育实践中,需要依托不断发展的教育科技,不断完善和优化教育体系,以提高整体效益。教育系统的发展需要整个教师队伍的参与和贡献。针对教师的个性化需求,应注重提供个性化的发展空间和机会。在教师培训和进修方面,要根据不同岗位和需求,设计针对性的课程和培训方案,以提升教师的专业水平和敬业精神。同时,在教师招聘和选拔方面,应确保招聘符合教育部门规定的优秀人才，为促进教育均衡发展提供源源不断的人才支持。

教育系统的有效性和效率取决于整个系统的结构和管理。系统优化理论为完善教育系统提供了重要思路。因此，应着重关注教师队伍内部结构性问题，注重环节间的协调与合作，不断优化教育体系，促进教育事业的可持续发展。在理论与实践的大力推动下，教育系统必将为教育事业的发展注入强大的能量，助推学生生涯和生命品质的提高；将更好地满足学生的需求，培养出更多优秀的人才，为社会发展做出积极贡献。

表 4.1　系统优化理论的主要观点

序号	主要观点
1	任何一个系统的逻辑都不是一成不变的，都会遵循持续演化的根本特征。而系统本身的结构功能和特征、变化都可能由各个要素的自身属性，以及不同要素之间的关系发生改变而引起。
2	系统的演化过程是内外全部因素合力最终导致的结果。系统发生变化并不是无缘由的，主要由内因和外因两个方面。不同的原因会导致系统演化产生不同的结果，只是有些是由主要原因引起的，有些是由次要原因引起的。但总的来讲，系统演化的原动力来自系统之间信息和能量的相互作用。
3	系统优化是在系统演进过程中最佳的表现状态。当系统中的各个要素之间产生良好互动，就会对其功能和作用形成良性影响。这种良性影响就会使系统呈现出优化状态，反之则会呈现出非优化状态。系统结构的优化才是系统整体优化演变的原动力。
4	系统结构优化是系统优化最重要的部分，同时也是其内在表现形式之一。系统的优化通过内在的系统组织和结构来实现，通过具体的功能来表达。结构优化不仅是其关键环节，并且也是决定系统是否得到优化的关键因素。如果出现结构失衡，且没有进行这项调整，那么系统本身是不可能得到优化的。

（三）心理契约理论

心理契约理论是 20 世纪 80 年代由美国学者提出的一种管理理论。该理论认为，在组织中，组织和教师之间的契约不仅仅是书面上的劳动合同，更是一种隐性的心理契约。这个心理契约是由教师的心理状态决定的，表达了教师对组织和工作的期望和要求，以及组织对教师的承诺和保证。这种契约并非明确规定的，而是一种隐含的态度，取决于教师对组织的信任、对工作的满意度、对组织的认同程度和忠诚度。基于心理契约，教师和组织之间通常形成一种默契的关系，教师会为了组织的利益而付出更多的努力和时间。如果教师的心理契约得到满足和保护，他们就会形成一种强烈的凝聚力，更愿意留在自己的工作岗位上，并为组织的发展做出突出的贡献。

在教育领域中，教师是教育活动的重要主体，教师的心理契约包括他们对学校的期望和要求，对学生的期望和要求，以及对自身的期望和要求。如果学校能够满足教师的心理契约，让他们体验到合理的工作回报和成就感，教师就会更愿意投入更多精力进行教学和管理工作，进而实现学校的发展目标。要实现教师的心理契约，学校需要为他们提供一个有利的环境和条件。首先，学校应建立良好的院校氛围，让教师感受到学校的关怀和支持。其次，学校应为教师提供展示才华和能力的机会，以便教师获得更多的成就感。此外，学校提供良好的职业发展空间、适当的工作保障和合理的薪酬待遇，也可以让教师对学校形成一种隐性的契约感。

在教育领域中，教师的心理契约与学校的发展密切相关，学校的发展需要良好的师资力量来支撑。因此，建立共同的心理契约，让教师为学校的发展而工作，是学校发展和教师职业成长的重要保障。此外，学校还应思考如何通过制定科学的管理制度和人性化的工作氛围，满足教师的心理需求，让他们感受到组织的尊重和关心。因此，心理契约理论为教育领域的教育管理提供了有益的启示。充分了解教师的心理活动和内在需求，建立良好的院校氛围，制定适当的管理制度，都是优化教师队伍结构的前提。只有建立良好的心理契约，教师才能更好地投入教学工作，并且更愿意留在学校，为学校的发展和成长做出贡献。

（四）人才激励理论

激励理论是高职院校管理中的重要理论之一，旨在通过各种管理和措施来增强教师的工作动力，从而提高工作效率。在高职院校中，激励教师的行为变化是一项具有挑战性的工作。下面将从激励的需要和过程两个方面分析如何在高职院校的管理过程中满足教师潜在的需求，从而刺激教师的行为改变，进一步优化师资队伍。

为了达到这个目的，理解教师的工作动机并参考教师个体需求是至关重要的。首先，高职院校管理者需要以提高教师薪资福利待遇为基础，通过优化课程设置、改善教学设备和环境等方式，激发教师自身潜在的需求。其次，高职院校管理者需要根据不同个体的需求采取多种激励方式，例如提高教学评价权重、加强教师培训、提供个人成长空间、增加表彰计划等。只有针对个人需求制订个性化、多样化的激励措施，才能最大限度地促进教师的工作动力和创造力，从而实现优化师资队伍、提高教学质量的目标。

对于高职院校来说，让教师尊重教育教学科研的专业性，并为其提供充分的权利和机会是非常重要的。高职院校管理者应让教师明白自己在教育领域的专业性以及教育教学科研的价值，并通过相关政策扶持和支持教师的教学和科研工作，以提升教师的教育教学能力，更好地为社会和人才培养做出贡献。此外，高职院校管理者还应注重引导和激发教师内心的工作动力。强调诚信、公正、公平、公开的评价机制是激励教师行为改变的重要因素之一。学校应制定明确的规定和措施，例如构建多元化的教学评价系统、制定透明的晋升评选标准以及提供多种讲学机会和交流平台等，以促进教师的专业发展和自我提升。激励教师是一个长期的过程，需要不断调整和改进。在教育改革的背景下，高职院校管理者需要及时了解教师的需求和心理状态，灵活制定针对性的激励政策和措施。同时，在管理过程中，要注意尊重教师的人格尊严和知识产权，保障教师的权益，并维护良好的师生关系。

总之，优化师资队伍是高职院校实现发展目标的重要途径之一，而有效的激励方法对于提升教师的工作动力和创新能力至关重要。只有根据不同个人的需求制定全面和适度的激励政策和策略，才能在高职院校的管理中取得长远的成效。

三、高职院校教师队伍结构的基本情况

我国高职院校教师队伍的结构对高等教育的质量和发展起着重要影响。随着我国高职教育的迅速发展和高职院校数量的增加，人们开始关注高职院校教师队伍结构的问题。从整体上看，我国高职院校教师队伍存在年龄结构不合理、职称结构不均匀、学历结构不高和双师型结构比例不足等问题。接下来将对这些问题进行详细探讨。

首先，我国高职院校教师队伍的年龄结构不合理。统计数据显示，在高职院校教师队伍中，年龄在 35 岁以下的教师比例较小，这些年轻教师的师资力量无法有效支撑高职教育的长期发展。另一方面，年龄在 50 岁以上的教师比例相当高，他们面临退休等问题，可能给学校的教育教学工作带来一定的不利影响。因此，需要采取措施吸引更多年轻教师加入高职院校，并鼓励老年教师继续为教育事业做出贡献。

其次，高职院校教师队伍的职称结构不均匀。即使在同一所高职院校中，不同学科的教师获得的职称和职级也存在差异。举例来说，某些工科院校中教授的比例相对较高，而在一些文科院校中，副教授和讲师的比例较大。这种职称结构的不均匀导致高职教育各学科的发展不平衡，并对教师队伍中职称晋升提出不同的要求。因此，需要制定相关政策，推动职称评审的公正性和公平性，激励教师积极发展自己的学术和教学能力。

第三，高职院校教师队伍的学历水平不高是另一个突出问题。高职学历要求相对较低，高职院校的教师在学历上的欠缺给高职院校的教育教学工作和师资队伍建设带来挑战。因此，需要加强高职教师的培训和学历提升机制，鼓励他们积极参与学术研究和专业发展，提高教师队伍的整体学历水平。

最后，高职院校教师队伍中双师型结构比例不足也是一个需要关注的问题。高职教育的特点之一是职业导向，它要求教师具备丰富的职业和工程实践经验。因此，高职院校非常重视具有双师型背景的教师，这些教师在实践经验和相关证书方面具备较高的素养。然而，高职院校教师队伍中真正具备双师型背景的教师比例较低，这给高职教育的师资队伍建设带来了一些难题。为了解决这个问题，可以通过加强双师型教师的培养和引进，提高他们的教学能力和实践水平。

总的来说，我国高职院校教师队伍结构中存在年龄结构不合理、职称结构不均匀、学历要求不高和双师型结构比例不足等问题。为了解决这些问题，高职院校应采取相应的政策措施，逐步加强师资队伍建设，提高教师的综合素质，确保高职教育的质量和能力，更好地推动我国高职教育的发展。

第二节　高职院校教师队伍结构的优化

一、高职院校教师队伍结构的优化设计

（一）建立科学合理的教师准入规范

在教师招聘过程中，有一些教师可能缺乏专业技术资格证书，但学校仍然聘用他们，并允许他们在入职后考取证书。此外，对于一些紧缺专业，学校也可能放宽学历或资格的准入门槛。尽管这种做法表面上看起来无害，但却忽视了一个关键问题：教师的专业背景和能力与所聘岗位的契合度如何，他们的水平是高还是低，能力是强还是弱，这些都是未知的。院校在教师准入方面有着重要的筛选责任，应该着眼于制定高层次人才引进制度，并探索实施基于能力评价的灵活聘任机制，既能够在某些情况下适度降低聘用要求，又能在其他情况下提高聘用标准。

1.转变教师招聘理念，明确要求持证上岗

从管理经验来看，特别是那些职业教育比较发达的国家，招聘教师时通常要求教师必须具备相应的资格证书才能被聘用，没有证书的人是不被接受的，甚至有些国家还将没有证书从事教学视为违法行为。因此，建议高职院校引入类似的聘用规定，将教师资格证书作为教师准入的必要条件，严格控制教师准入的门槛，以充分保障教育教学质量。

明确要求教师持证上岗有几个重要的好处。首先，教师资格证书是对教师专业能力和教育背景的一种认可和证明，持证上岗可以确保教师具备一定的教学能力和专业知识。其次，持证上岗

可以促使教师自觉提升自己的教育教学能力，通过不断学习和进修获得更多的专业知识和技能，提升自身的职业素养。最后，这也是对学生和家长的一种保障，他们可以更有信心地选择学校和教师，相信他们具备足够的专业素养和教育能力。

要实施持证上岗，高职院校需要制定相应的政策和规定。首先，明确规定教师准入必须持有教师资格证书，对各个学科和专业的教师资格要求进行详细划定。其次，建立健全的教师资格证书审核和认定机制，确保教师资格证书的真实性和有效性。最后，还可以加强对教师的培训和继续教育，鼓励教师不断提升自身的教学水平和专业能力。

转变教师招聘理念，明确要求持证上岗，对于提升教育教学质量和保障教师专业能力具有重要意义。这将为学生提供更优质的教育资源，促进高职教育的发展，同时也可以提升教师这一职业的社会地位和价值认可。

2. 分类别设置准入要求

在聘用教师时，根据不同类型的教学岗位性质，细化准入要求，以确保岗位和人员之间的最佳契合。这样的做法能够更好地满足不同岗位的需求，提高教育教学的效率和质量。

首先，在招聘专业技术课程教师时，应注重应聘者的专业知识素养和专业背景。这包括对应聘者在相关领域的学历、学术成就、研究经历等方面的考量。确保教师具备扎实的学科基础和专业知识，能够准确传授和解答学生在专业技术课程上的问题。其次，在招聘专业实践类课程教师时，应格外重视教师个人的实践经验和在多家单位锻炼的经历。这种经验能够帮助教师更好地理解行业实际操作和解决实际问题的能力。因此，在评估应聘者时，要充分考虑其在相关领域的实践经验，包括工作经历、实习经历、职业资格证书等。最后，在招聘非教师岗位时，院校可以放宽对个人在学术或实践经历上的限制，而更加注重应聘者在管理方面的经验。这包括在教育机构或其他行业中担任管理职位的经验，具备组织、协调和领导能力。这样的经验能够帮助教师在管理岗位上更好地推动学校的发展和教育教学的改进。

通过细化准入要求，高职院校能够更好地选择适合不同教学岗位的人才，确保教师具备相应的能力和素质。这将有助于提高高职教育教学的效率和质量，为学生提供更优质的教育资源。此外，还可以为教师的个人发展提供更多的机会，使其能够更好地发挥自己的优势和潜力。因此，建议高职院校在招聘教师时，根据不同岗位性质细化准入要求，并根据具体情况进行评估和选拔，以确保招聘到的教师能够胜任相应的教学工作，为高职教育的发展做出积极贡献。

3. 适时转变招聘对象

在招聘教师时，高职院校应该转变观念，不局限于招聘应届毕业生，而是应该面向社会和行业开展招聘活动。职业院校相较于其他高等院校更注重专业性，因此有必要改变对招聘对象的看法。高职院校完全可以对社会各行业开放招聘，吸引那些具备专业技能或拥有丰富实践经验的人员加入院校成为教师，以发挥他们的智慧和才能，提升教学质量和效率。特别是在产教融合型院校中，高职院校的实践经验和技术专长不仅能够提高此专业的教学质量，还能够使学生更好地与高职院校接轨。

总之，建立科学合理的教师准入规范对于提高高职教育教学质量至关重要。应该研究制定更加精细的教师准入标准，加强考核和管理，并逐步完善教师准入制度，营造更加高效、精细、规范、公正的教师准入机制。这样做有利于提高教育教学质量，同时也能够增强教师履行职责的意识，促进教育行业的良性发展。在转变招聘对象的同时，高职院校也需要注意确保教师的素质和能力符合教学需求。除了专业知识和实践经验，还应该重视教师的教学能力、沟通技巧、团队合作等方面的要求。通过全面综合考核，选出那些既具备实践经验又具备教育教学素养的教师，使他们能够更好地为学生提供教育指导和职业发展支持。

综上所述，适时转变招聘对象的观念是有益的。引入具有专业技能和实践经验的人员，能够为高职院校注入新的思维和经验，提升教学质量和教师队伍的整体素质。然而，我们也必须确保准入标准的科学性和合理性，以保证教师招聘的公平性和教学的有效性。只有在这样的基础上，我们才能实现教育行业的可持续发展和教学水平的不断提高。

（二）营造良好的教师成长环境

为了营造一个良好的教师成长和工作环境，需要从多个方面入手。首先，高职院校管理者应该真正关心教师的工作和生活情况，并积极与他们进行沟通和交流。了解教师的个人价值观、工作困难、个人需求和心理状态是建立健康职业关系的基础。同时，定期举办教师文化娱乐项目和活动也非常重要。由于教师工作繁忙，他们特别需要精神上的提升和愉悦感。安排定期的文艺表演和娱乐活动，让教师们在工作之余有放松和交流的机会，有助于增进同事间的关系和朋友间的友谊，进一步拉近学校普通教师与高层领导之间的工作关系。在教师的日常教学和科研工作中，学校领导也应该重视与教师的沟通和交流，及时解决教师工作中遇到的问题，帮助他们提高工作效率和服务质量。此外，在管理手段上，可以增加高职院校管理者与教师的互动和交流。比如开展各种工作交流活动，给予教师表扬和鼓励，让他们感到自己的工作受到重视和关注，激发其工作动力。同时，提供现代化的教学工具和设施，提高教师工作的效能和科技含量。这些高效工具能够方便教学，提高教师的工作效率和质量。

最后，高职院校应该尽力解决教师生活中的实际困难，关心他们的健康和家庭状况。比如提供医疗保险和意外险，确保教师在工作中遇到意外或患病时能够得到积极的帮助和支持。此外，定期邀请心理健康专家为教师提供咨询和支持，帮助他们缓解心理压力并解决各种问题。通过从多个方面入手，营造良好的教师成长和工作环境，提高教师的工作效率和质量，留住人才并吸引更多人才加入教育行业。

综上所述，通过以上措施，高职院校能够建立一个科学合理的教师成长和工作环境，为教师提供良好的发展机会，同时也为学生提供优质的教育服务。这将促进教育行业的良性发展，使教师队伍更加稳定和专业化。

（三）优化教师队伍的知识组成结构

优化教师队伍的知识组成结构是高职院校人才资源管理和培养的重要途径和关键环节。教师队伍必须具备丰富的知识储备和合理的知识结构，以完成教育培养学生的重要任务。重视教师队伍的建设是改进和推进教育教学质量的重要保证。以下是优化高职院校教师队伍知识组成结构的两个主要途径。

首先，培养素质全面的教师是关键。学校应该着力加强制度保障、经费支持和人才培养，并将制度措施转化为实际行动，取得实效。为此，学校需要提供多样化的技能培训和综合素质锻炼。这样能够拓展学生的就业途径和创业渠道，同时也可以大力培养素质全面的教师。素质全面的教师指的是那些在专业技术知识方面丰富且富有实践经验的教师。在职业院校的发展中，素质全面的教师依然具有十分重要的地位。高职院校课程的重心放在技能培养上，而教师在这个过程中起着非常关键的作用。加强和提升学生的技能水平和实践能力是高职院校的基本任务和重要目标。因此，学校需要不断加大对素质全面教师的培养力度和资金支持。这包括积极挖掘和引进高水平的人才资源，通过内部教师间的指导交流、"传帮带"，以及与其他院校的密切合作和共同培养等方式，自主培养素质全面的教师。

其次，注重自然科学与人文社会科学知识结构的平衡和协调。自然科学和人文社会科学相辅相成、互相补充、互相融合，各学科也是交叉渗透、相得益彰的。一个优秀的教师队伍必须同时平衡这两者的关系，以更好地讲授知识、培养学生并提升自身。在学贯中西并融通古今的方面，人文社会科学专业教师应该掌握必要的自然科学知识，并在这方面有积累和储备。同样重要的是平衡自然科学专业教师和人文社会科学专业教师的数量，学校应该注重取长补短，共同发展提高。

人文社会科学是人类文明发展史上的重要组成部分。它所研究的对象主要是人类活动的各种形式、文化和知识，是探究人类自身认识和自身成长的学科。自然科学和技术进步是现代社会发展的重要标志，也是现代社会创新和发展的基础。在新的科学技术革命和产业变革的大背景下，优化职业院校教师队伍的知识组成结构，增强人文社会科学和自然科学之间的融合和交流，是实现职业教育教学质量的重要途径。此外，当前世界科技和产业发展已经进入重视创新能力的阶段，培养创新人才是各国的首要任务。职业院校教师也需要重视创新能力的培养，为实现创新人才培养做好准备。教育是一个人重要的成长阶段，塑造了一个人未来的发展道路。作为面向职业教育的学校，高职院校教师队伍的知识结构及其素质水平对学校教育教学质量起着至关重要的作用。因此，优化高职院校教师队伍知识结构是一个必须解决的问题。

（四）做好梯次化专业学科队伍建设

1.注重对青年教师团队的培养和发展

学校在培养和发展青年教师方面，首先应该制定激励性措施和人才培养机制，为符合条件的教师提供相应的优惠政策和福利保障，例如优先晋升或给予年度奖金等，以提高他们的工作积极性和创造性。此外,学校可以通过开展各类学术评比和科研竞赛活动,营造一个浓厚的成长氛围和积极的学术环境,激发青年教师不断追求知识的热情。这些措施将有助于青年教师的个人成长和职业发展。另外,学校应该广泛开展教学、学术科研等方面的评比竞赛活动,并采取相应的评价工作办法和激励措施,如奖学金或职称晋升等,以激发青年教师的求知欲望和主动性。通过这些评比竞赛活动,学校可以识别和表彰那些在教学和科研中表现出色的青年教师,进一步激励他们积极进取,为学校的发展贡献力量。

在培养青年教师方面,学校还应在教学、科研和管理等方面提供全方位的支持和帮助。学校应尽早设计方案,并制订青年教师的培养计划,以帮助他们制定切实可行的职业生涯规划和个人成长目标。此外,学校可以为青年教师提供交流、学习和培训的机会,帮助他们积累经验,提升专业能力和素质,逐步成长为学校的中坚力量。通过与资深教师的交流互动和专业培训,青年教师可以汲取丰富的教学经验和学科知识,不断提升自己的教育水平。

总之,高职院校在培养和发展青年教师方面应采取综合措施,包括制定激励性政策、开展评比竞赛、提供支持和帮助等。通过这些努力,学校能够培养出更多有潜力和才华的青年教师,为学校的教育教学事业注入新的活力和创造力。

2. 培养培育学术带头人

学校应该制定具体而明确的任务目标,有力支持和推动学术带头人更好地成长和发展。学校需要高度认识学术带头人在学校发展中的积极推动作用,并为他们提供必要的条件和支持。为此,学校可以通过引进优秀人才和培养骨干教师等多种途径,持续培养拥有高水平教学和研究能力的名师。为优化科学研究环境,学校需要创造宽松的学术氛围,让学术带头人在取得学术成就时感受到自豪和荣誉。为实现这个目标，学校应该营造相应的工作环境和学术氛围，加强对科研项目、论文、专利等的评估和奖励。这样的措施可以鼓励教师们勇于创新、大胆尝试，让他们不仅有荣誉感，还能获得满足感、成就感和获得感。最后，学校应该建立长效的机制，以鼓励和奖励的方式推动培养学科带头人的工作。只有将荣誉感、承认感和利益激励等因素相结合，才能确立一条可持续、稳定和有效的路径，使学科带头人成为学校教学、科研和管理的专家骨干。在这个过程中，学校需要重视他们的贡献，并为他们提供持续的支持和发展机会，以保持他们的积极性和创造力。

综上所述，高职院校应该制定明确的任务目标，支持学术带头人的成长与发展，创造良好的学术氛围，建立长效的机制。通过这些措施，高职院校能够培养更多的优秀教师和学术带头人，为学校的教育教学事业提供强大的支持和推动力量。

（五）实施差异化教师薪资保障机制

在我国的民办职业院校中，教师的工资待遇和社会地位一直是教育改革中备受关注的热点话题。为了提高高职院校教师的待遇和地位，我们可以从以下四个方面着手完善和提高教师的薪资问题。

首先，学校产业开发是一种可行的自筹经费方式。在新时代和新环境下，高职院校应根据国家相关法律规定，在充分调研的基础上，发挥学校在优势领域的特点，集中发展特殊产业。通过大力开发学校产业，院校可以获得更多的自筹经费，进而提高教师的福利待遇。学校产业开发不仅可以增加经济收入，还可以为教师提供更多的职业发展机会和福利保障。

其次，提高工龄工资的比例有助于稳定教师队伍并提高教师的职业忠诚度。增加工龄工资可以使院校的薪资福利更加偏向中年教师群体，这种方式可以使学校教师的年龄结构更加合理，提高学校整体的职业素质和积极性。

再次，制定不同的薪酬激励机制。薪酬激励机制是衡量教师工资表现的重要手段，也是让教师获得职业成就感和自我认可的途径。不同档位和层级的薪酬奖励机制是一个组织或团队的正向刺激和激励方式，能够激发教师的工作动力和积极性。在制订薪酬激励办法时，可以参考国外或国内的成功经验，根据岗位、等级、贡献等因素设置不同的考核标准，公平公正地评估教师的工作表现，并给予相应的奖励。

最后，制定合理的特殊津贴。特殊津贴是重视职业特殊性的一种形式，是主要针对职业教师的特殊性而设的奖励。职业教师的特殊性在于他们提供的特别的技能和对产业的贡献。因此，学校可以根据职业教师的特殊性，制定各种层次不同的特殊津贴，以增强职业教师的荣誉感和归属感。这样可以加强职业教育的无形资产，提高职业教育的社会地位和待遇。良好的薪资体系是提高教师职业素质和积极性的重要保障，学校有责任保障教师的合法权益。学校只有不断完善薪酬保障机制，才能建立真正的应用型人才培养中心。

为了让职业教育迈向新的高峰，我们可以通过开发学校产业、提高工龄工资占比、制定不同档次的薪酬激励机制以及制定合理的特殊津贴来提高高职院校教师的待遇和地位。学校应该重视教师的贡献，并为他们提供良好的工作环境和发展机会，以提升教师的职业满意度和教育质量。

（六）平衡行政权力和学术权利

目前，在我国大多数高职院校中行政权力仍然大于学术权力，教学科研工作者在校园民主决策和管理方面的参与度非常有限。为了实现行政权力与学术权力的平衡，需要合理化行政权力，并充分吸纳教师参与内部管理，赋予他们一定的权力。同时，应提倡推进院校改革的思想，并广泛接受教师提出的意见和建议，以达到有效平衡行政权力和学术权力之间的关系的目标。

一种有效的方式是组建专家组。专家组成员应该是教师科研人员中的佼佼者，他们应该在学校享有一定的声誉和威望，被认为是杰出的教师。专家组成员应具备丰富的教学和研究工作经验，同时对学校的教学和科研工作非常熟悉。他们可以参与教师的招聘选拔、教学管理工作监督以及教学课堂评估等工作，对于改善职业院校的教学水平和提升教学质量等方面起到重要作用。

另一种有效的方式是组建教师代表会。教师代表会设立的主要目的是监督和参与专家组的工作。教师代表会的成员应由各教学系统公开选举产生，代表教师群体在校中具有一定的权威。教师代表会的人数应控制在教师总人数的 10% 左右。教师代表会有权对学校各个院校的教学科研管理工作提出意见，并负责监督专家组的工作和各院校的工作。

通过组建专家组和教师代表会，职业院校的教师能够充分参与学校的日常管理工作，使行政权力向学术权力倾斜，实现行政权力与学术权力的平衡。一定量教师的参与可以有效去行政化，为学校的管理工作和教学机制注入新的力量，同时也能够提升职业院校的教学质量。这种做法可以有效地调节和制衡行政权力与学术权力，最终实现两者在同一范围内相互融合、相互制约和相互促进，为院校的综合改革产生巨大的正能量。

（七）完善专职和兼职教师队伍

为解决目前我校兼职教师管理混乱无序的问题，建立符合学校实际情况的专职和兼职教师队伍，我们应制定相应的制度机制和管理办法，以确保在从外部聘用兼职教师时能够严格把关教学质量的入口关、教学关和质量关。

首先，学校党委应牵头制定具体的规章制度和激励措施，以保证兼职教师的教学质量。建立严格的考核评价体制机制，定期进行评价和考核是必要的。为了公平对待专职和兼职教师，学校应公开招聘录用教师，并按照相同的考核评价原则，合理发挥他们的能力和素质，不因任何原因放松对校外兼职教师的教学和科研要求。同时，在聘用兼职教师时，学校应严格把好聘任入口关。建立完善的面试试讲机制，组织兼职教师对所带课程进行试讲，并认真考察其学术水平、教学能力和授课方法是否符合院校对教师的基本要求，只有具备高素质的教师才能被聘为兼职教师。

此外，学校需严格把好兼职教师的课堂教学关，建立长效的听课制度。听取兼职教师的课堂教学，有助于发现其在教学过程中存在的不足和问题，使他们能够尽快适应教学工作，提高讲课水平，进一步提升教学效果，赢得学生的认可。另外，可以经常组织学校的专任教师和校外兼职教师进行同一专业的教学研讨和讨论交流活动，共同申请、研究课题项目。通过这些活动，激发校内外教师从教的积极性、主动性和创造性，使专职教师和兼职教师既密切合作又发挥各自的经验优势，取长补短，共同提高，全面提升大中专学校的教育水平、教学质量和综合实力。

鉴于高职院校的快速发展和师资队伍力量的严重不足，立即改变专职教师的社会实践经历和实际操作经验不适应实际的现状非常困难。但聘用兼职教师可以有效改善高职院校教师人才队伍的结构和能力差异，对学校的快速发展具有相当重要的促进作用。

总之，建立符合学校实际情况的专职和兼职教师队伍对于学校的长期发展非常重要。学校需要制定专门的制度和规章制度，并采取激励措施，为校内兼职教学提供平台；通过面试试讲、听课制度等方式，吸引高素质的兼职教师。这样一来，可以在一定程度上解决人才缺口问题，同时提高高职院校的教育水平、教学质量和综合实力，为学生实践教育创造更好的条件。

（八）构建完善的动态管理体制

为了有效地建立高职院校教师队伍的动态管理体制，需要注重以下三个方面。

1.建立公开、公平、公正的竞争机制，以激励教师热衷于教学和学术研究

学校应采取措施在教学管理和学术研究实践方面，鼓励教师自我加压和追求进步，提升教学和科研能力。为此，学校需要建立公平竞争的评判标准，考虑教师的年龄、教育背景、职称水平和学科特点等因素，制定公正的晋升比例和权重系数，以吸引和优化教师队伍。此外，还应鼓励教师参与学术研究活动，提升他们的科研水平和能力。

2.建立动态的教师培训和发展制度

该制度应根据不同教师群体的需求，采取个性化、灵活的培训方式和目标。对于新入职的年轻教师，可以让其参加岗前培训和教学技术培训，通过测试和评价提高教学质量和水平。对于有职称晋升愿望的中青年教师，学校应提供学历培训的机会，满足他们追求高学历和事业发展的需求。对于教育水平高、职称高的专家学者，学校应提供国际学术交流和深造的机会，以提升他们的专业素养。

3.建立动态的激励表彰和考核评价机制

可以根据技术职务的不同层级，对教师进行晋升评聘，使教师以此作为重要的激励方式和发展动力。学校可以通过网络评价等方式，从多个角度考察和评价教师的教学能力和授课质量。教师的薪水水平应根据劳动数量和质量进行分配，重视教师的实效、能力和贡献，激发教师的工作积极性、主动性和创造性。此外，学校需要合理拉开教师收入水平的差距，避免"平均主义"和"一刀切"倾向，实现收入的合理分配，以激励教师的创新和提高工

作水平，从而提升学校整体的教学质量和竞争力。

综上所述，一个有效的教师队伍动态管理体制是高职院校不断成长和发展的重要保障。学校可以借鉴上述建议或其他学校的成功经验，着力提升教师队伍的整体素质，进一步推动学校的可持续发展。

二、教师队伍结构优化的保障措施

（一）学校经费保障工作的持续升级

1.设置专项经费，提供经费支持

学校应该加大对教师队伍建设的经费投入，并将教师建设经费列入教育经费预算，建立专项账户和专款专用机制，以确保教师建设经费的有效落实。此外，学校还应设立专项经费，提供以下方面的经费支持。

教师发展建设经费，用于支持师资建设。包括用于高层次人才引进和招聘优秀博士的费用，以及用于名师工作室、优秀师资团队建设等方面的经费支持。通过这些支持，学校可以吸引更多优秀人才加入教师队伍，提升学校的教学水平和学生的综合素质。

教师培训支持经费，用于教师的专业发展。包括支持教师参加国内外培训和骨干教职工专项进修，以及提供素质拓展和业务培训等方面的经费支持。通过这些经费的支持，可以提升教师和高职院校管理者的学术理论水平和实际业务能力，提高学校的教学管理水平。

教师奖励激励经费，用于奖励优秀教师。包括设立优秀教师奖励计划、重点科研团队奖励计划、重大贡献奖励计划等。通过这些奖励计划，可以激励教师队伍的积极性，促进各级各类教学团队和科技创新团队的快速成长，为提升院校教师队伍整体水平提供保障。

通过增加经费投入并设置专项经费，学校可以有效支持教师队伍的建设和发展。这将有助于吸引优秀人才、提升教师的专业水平和教学能力，进一步推动学校的发展。

2. 加强经费管理，提高使用效益

教育经费是教育事业发展的重要前提，因此对教育经费的管理就显得格外重要。为了确保经费的有效使用和合理分配，学校可以采取以下管理方式。

加强财务管理。学校应建立严格的财务管理制度，加强对学校经费的监督和掌控。包括制定明确的经费分配流程和审批机制，确保经费使用符合相关规定和政策。同时，学校可以对经费分配和使用情况进行公示，提高透明度，使各方面的开支都变得合理和必要。

强化成本意识。学校需要增强成本意识，提高经费管理的敏锐度。通过制定准确、合理的经费预算，学校能够更好地掌握资金使用情况，合理安排经费支出。同时，学校应注重绩效评估，对经费使用的效果进行定期评估和分析，及时调整预算，确保经费使用的高效性和经济性。

扩大开放，引进社会力量。为增加经费投入，学校可以主动扩大开放，引进社会相关力量的支持。学校可以与其他高职院校、协会等建立合作关系，共享经费资源。通过与社会力量的合作，学校能够吸引更多资金和资源投入到优秀的教育事业中，提升经费的可持续性和充分利用率。

综上所述，学校经费保障是教育事业发展的基础，需要各方面的配合和协作。除了加大经费投入外，学校还应加强经费管理，提高经费使用效益。通过加强财务管理、强化成本意识和引进社会力量等措施，学校能够更好地管理和利用教育经费，推动学校教育事业的全面发展，提升师资力量和管理水平。

（二）完善教师权益服务体系

随着高职院校的不断发展，教师队伍的建设和发展变得愈发重要。教师作为院校最核心的资源，他们的教学和科研能力、创新精神、工作态度和素质，都对院校的发展起着关键性的作用。因此，完善教师的合法权益服务体系成为院校发展的重要组成部分。

首先，院校需要关注教师的生活。为教职工创造良好的工作和学习环境是必要的。如提供舒适的住房和优质的子女教育资源，帮助教职工解决实际问题和困难，都是院校应该关注的方面。同时，院校应该鼓励教师积极参与学校的民主管理，确保教师能够获得工作满足感和归属感。定期开展关于教师生活和工作的调查，以便根据调查结果制定相应的解决方案，帮助教师解决实际问题，提高他们的工作和生活质量。其次，重视教师的意见和建议是必要的。院校应该为教师提供向教育教学管理工作提出意见和建议的条件和平台，鼓励教师积极参与院校的民主管理和监督。这样，教师在工作和学习中将获得更多的发言权和参与度。建立健全的教师代表大会，以教师为主体，保障他们的合法权益，能让教师在院校的管理中发挥更大的作用。再次，加强教师的培训和提升是至关重要的。院校应该定期制订教师培训计划，为教师提供教学和科研方面的培训，提高他们的教学能力和创新能力，为院校的发展提供有力的人才保障。此外，院校应该制定相关的经费和政策，倾斜教师培训和提升，为教师提供更多的机会和条件。最后，加强教师权益的宣传和保护是非常必要的。院校应该加大教师权益的宣传力度，让教师了解自身的权利和利益，确保他们在工作和生活中得到更好的保护和维护。同时，建立完善的教师权益保护机制，并采取有效措施保护教师的合法权益，防止其权益受到侵害。

完善教师的合法权益服务体系是院校发展不可或缺的组成部分。院校应该关心教师的生活，重视教师的意见和建议，加强教师的培训和教师权益的宣传和保护，为教师的工作和生活提供更好的保障和支持。通过这些努力，教师将在工作和生活中感受到院校的关怀和支持，为院校的发展提供有力的人才保障。

（三）完善用人机制

教师作为院校中最核心的资源，对于院校的发展具有重要意义。他们的教学和科研能力、创新精神、工作态度和素质，是确保院校可持续发展的关键要素。因此，完善教师的用人机制成为院校发展不可或缺的组成部分。

高职院校应该为进入院校的教师提供科学合理的发展平台，以最大限度地发挥他们的才能。这意味着院校需要充分考虑教师的专业兴趣背景，为他们提供多样化的岗位选择。根据教师的兴趣、特长和专业背景，合理安排适合的岗位和职责。同时，高职院校还应该注重对教师进行职业规划，引导教师积极制订个人职业规划，并建立完善的规划导向绩效评估体系。

首先，教师队伍应对自身需求进行分析和了解，从而明确科研和教学的方向。明确的目标定位将使教师全力以赴地为教育事业贡献力量，并认为这是一项非常有意义的工作。这样的做法不仅增强了教师的竞争力，也能够留住人才，为院校的长远发展提供稳定的师资支持。

其次，建立完善的绩效评估体系对于提高教师的工作质量和激励教师具有重要作用。在评估体系中，院校需要综合考虑教师的教学和科研能力、工作态度、创新精神、团队合作能力等多个方面。评估体系应公正、客观、科学，能够真实反映教师的水平和贡献，并为教师提供有效的激励和指导。同时，评估体系应与教师的职业规划紧密相关，为教师提供明确的职业晋升和发展方向，让教师在工作和学习中有更多的动力和激情。

再次，院校应注重教师的培训和提升。院校应定期制订教师培训计划，为教师提供教学和科研方面的培训，提高他们的教学能力和创新能力，为院校的发展提供有力的人才保障。此外，院校应制定相关的经费和政策，倾斜资源，为教师提供更多的培训和提升机会。

最后，院校应加强对教师的关心和支持。院校应为教师创造一个舒适的工作和学习环境，提供良好的待遇和福利。此外，院校还应帮助解决教师在生活和工作中遇到的实际问题和困难，关心教师的福利待遇。院校应加强与教师的沟通和交流，了解教师的需求和意见，并为教师提供更好的服务和支持。同时，院校应加强教师的荣誉和激励措施，让教师感受到院校的关心和支持，从而留住更多的优秀人才。

完善高职院校教师的用人机制是院校发展的重要组成部分。院校应为教师提供科学合理的发展平台，建立完善的绩效评估体系，注重教师的培训和提升，加强对教师的关心和支持，为教师提供更好的服务和保障，让教师在工作和生活中感受院校的关心和支持。这样做将为院校的发展提供有力的人才保障。

（四）完善收入分配制度

教育发展一直是国家发展的重要组成部分，而教育的质量和水平离不开优秀的教师团队。因此，完善收入分配制度已成为当前教育行业急需解决的问题之一。下面将探讨完善收入分配制度的必要性、目标、方法和具体实施措施，以提高教师的积极性和激情，提升教育质量和水平。

首先，完善收入分配制度的必要性是不言而喻的。一个合理的收入分配制度可以极大地激发教师的积极性和潜力，推动他们更好地发挥职业水平和技能，促进教育事业的发展。随着社会经济的发展以及教育行业的改革和发展，原有的收入分配制度已难以适应当今的需求和形势，需要进行相应的完善和调整。其次，完善收入分配制度的目标是多方面的：要通过完善收入分配制度，提高教师的工作积极性和责任心，提升工作质量和教育质量；要使不同教师的工资收入更加公平和合理，让每一位优秀教师都能得到应有的回报和认可；还要使整个教育行业的发展更加稳定和可持续，促进长期改革。

针对实现完善收入分配制度的目标，可以采用如下方法和措施。首先，以岗位职责、工作业绩和能力为基础，制定分配激励机制，逐步建立以岗定薪、岗变薪变的分配机制。其次，完善各类教师人才薪酬制度，确保工资制度规范、激发活力、公平公正，并设立有效的监管机制。在制定薪酬制度时，公平原则和透明原则不可忽视，同时应将精神激励、物质奖励与绩效考核相结合，确保激励机制的有效性。

另外，可以尝试一些新的方式和手段来推动教师收入分配制度的改善。比如解放思想，加大对教师奖励的力度和范围；政策倾斜，注重分层次奖励，加大对优秀教师的奖励力度，并为他们提供更多支持和激励。此外，还应鼓励教育机构探索新的方式和手段，以创新的方法改善教师的收入分配制度。

在完善收入分配制度的过程中，也需要注意避免一些误区。首先，不能盲目追求高工资和福利，忽视工作效率和服务质量的提升，确保工资与教师的表现和能力相匹配。其次，不能一味追求制度的公平和均衡，忽略教师个体之间的差异。不同教师的工作水平和贡献度是不同的，因此应根据实际情况进行差异化的奖励。最后，不能只关注眼前的效果，忽视长期影响。改革和创新是完善收入分配制度的关键，需要有勇气和决心推动制度的改革。

综上所述，完善收入分配制度对于提高教育质量和水平至关重要。通过合理的制度安排和激励措施，可以激发教师的积极性和创造力，推动教育行业的发展和改革。因此，我们要紧紧围绕实现完善收入分配制度的目标，采取恰当的方法和措施，以落实改革举措为核心，不断改进收入分配制度，为教育事业的繁荣和发展做出更积极和有力的贡献。

（五）优化教师队伍结构

民办高职院校的教师队伍结构优化是实现高质量教育的重要前提。与公办高职院校相比，民办高职院校在教师队伍建设方面存在一些不同之处，因此需要有针对性的优化措施。

1.民办高职院校应注重教师的学术背景和职业素养

相对于公办高职院校，民办高职院校更加注重教师的学术背景和职业素养。这是因为民办高职院校在教学和科研方面更加注重实用性和应用性。因此，民办高职院校在招聘教师时应更加注重教师的职业素养和实践经验，以更好地满足学生的就业需求。

2.民办高职院校应注重教师的实践能力

与公办高职院校相比，民办高职院校更加注重学生的实践能力培养，因此需要教师具备更强的实践能力。民办高职院校在教师招聘时应注重教师的实践经验和实践能力，鼓励教师积极参与校企合作和产学研合作，以提高教师的实践能力和教学水平。另外，民办高职院校应注重教师的团队合作能力。由于民办高职院校通常规模较小，教师队伍相对独立，因此应注重培养教师的团队合作能力。鼓励教师积极参与团队合作和交流，提高教师的协作能力和团队精神。

3.民办高职院校应加强教师的培训

与公办高职院校相比，民办高职院校的教师队伍相对年轻，因此需要更加注重教师的培训和提升，建立完善的教师培训机制，为教师提供多样化的培训形式和内容，帮助教师提高教学和科研能力，提升教师的职业水平和竞争力。

综上所述，民办高职院校教师队伍的结构优化与公办高职院校存在一些不同之处。民办高职院校应注重教师的学术背景和职业素养，实践能力和团队合作能力，加强教师的培训和提升，以提供更优质的教育服务。只有通过不断的教师队伍建设和优化，民办高职院校才能提升教育质量，为社会培养出更优秀的人才。

教师队伍是院校建设的重要组成部分，也是学生成长的关键支撑。如何优化教师队伍结构，提高整体素质水平，对院校的发展具有重要意义。教师队伍即院校的智力资本，因此优化教师队伍结构可以从多方面入手。如建立完善的管理制度，提高人力资源的管理水平。教师队伍的性质决定了人力资源管理的重要性。院校应建立教师人事档案，及时了解教师的工作情况和各项指标的达成情况，对教师的工作进行反馈和指导，帮助教师不断提升自身能力，为学生提供高质量的教育。

通过加强教师自身素质的建设，提高教师的能力和水平。院校可以定期开设教师培训班或研讨会，邀请学科专家引导教师分析和解决实际问题。此外，院校还可以建立教学评价和交流平台，鼓励教师进行教学交流和互动，促进教学互补和提升。教师队伍的素质不仅包括学术水平，还包括道德品质和职业素养。因此，院校还应加强教师队伍的道德建设，组织谈心谈话等形式的活动，提升教师的职业道德素质，让教师更具责任感和使命感地对待自己的工作。此外，院校可以通过引进外部优秀人才推动教师队伍的素质提高。如每年可以组织一些院校招聘活动，吸引国内外优秀教师来到院校任教。在招聘过程中，院校应着重考虑人才的能力和工作背景，以确保招聘到适合的教师。

教师队伍的结构要合理，也要朝多元化方向发展。通过培养和发掘学科交叉型教师，可以实现学科间的融合和互补，促进教育教学工作的深入开展。另外，院校还应加强对教师的工作配比，调整师资结构，保证师资力量的均衡和充足。在优化教师队伍结构的过程中，院校要将目标、原则和措施统一起来。具体而言，院校应从自身的发展定位，特别是从院校人才培养目标和课程设置入手，不断完善教师队伍建设体系。此外，院校应注重理论指导，发挥人才的主动作用，共同创造美好的未来。

总之，优化教师队伍结构是院校发展的重要任务。通过优化教师队伍结构，院校可以实现资源的优化配置，提高教育教学质量，让学生在院校中得到更有力的成长支持。因此，院校应不断完善管理制度、提升教师队伍自身素质、引进外部优秀教师、加强教师队伍的多元化等方面入手，促进教师队伍结构的优化变革，为院校的可持续发展带来更多动力。

第五章　高职院校教师聘任制度

第一节　高职院校教师聘任制度解析

一、高职院校教师聘任制度的相关概念

高职院校教师聘任制度是指高职院校依照国家关于教师的相关规定，对教师进行聘任、评定职称等工作的制度。高职院校教师聘任制度涵盖了"职称""职务"等相关概念。职称和职务是高职院校教师聘任制度中最为核心和关键的内容。

（一）职称

职称是衡量教师职业水平和职业成就的重要标准之一。它是教师在特定岗位上所具备的学术研究水平、教学能力、实践经验等综合素质的反映。在高职院校中，主要职称有助理讲师、讲师、副教授、教授等。助理讲师职称是高职院校中的初级职称。在职称评审方面，学术水平、教学能力和实践成果成为评定的主要依据。同理，其他职称的评审也是如此。

（二）职务

职务是教师的组织管理范畴内体现的职责和权利。高职院校

中一般分为行政职务和教学职务两大类。比如系主任、教研室主任、年级组长等是高职院校的行政职务，而教授、副教授等则是教学职务。

（三）职称与职务的关系

职称和职务各自独立，但也互不相立。职称是教师个人的学术水平和教学能力的证明，是评定教师职务的基础；而职务则是教师行政管理职责和权利的具体体现。因此，在教师聘任过程中，职称升迁和职务聘任是一体两面的关系，职称升迁可以在一定程度上推动教师的职务聘任。

高职院校教师聘任制度作为现代教师管理体系的重要组成部分，旨在鼓励教师参与学术研究和教学实践，提升教师的教学水平和管理水平。职称和职务作为高职院校教师聘任制度的核心内容，对教师职业发展和职业成就的评估起着至关重要的作用。

（四）职称评审与职务聘任

职称评审是对高职院校教师学术水平和教科研能力进行鉴定，并确定其专业技术等级的评价活动；职务聘任则是根据教师在特定岗位上的能力和才干进行的招聘和聘任活动。虽然职称评审和职务聘任有着紧密的联系，但它们之间也存在本质差异。

1. 职称评审具有永久性，而职务聘任具有期限性

职称评审的结果通常是永久有效的，一旦被评定为某一职称等级，就不需要再次评定。职务聘任是根据合同约定的时间进行聘期，聘任期满后需要重新进行考核和评定。这使得我们需要清晰地认识和准确地理解这两个概念的差异。

2. 职称评审的目的是鉴定人才，而职务聘任的目的是使用人才

职称评审旨在获得对高职院校教师学术水平和教科研能力的评估，不决定教师是否能够担任某项工作。职务聘任旨在将教师

安排到适合其能力和才干的岗位上，使其能为学校的建设和发展做出应有的贡献，实现高职院校人力资源的优化配置。职称评审涉及申报教师与评审专家之间的关系，而职务聘任涉及学校和聘任教师之间的关系。职称评审通常由申报教师向教育科研部门提出申请，由专家学者小组进行评定，最终确定职称等级。职务聘任是学校根据需求公开招聘，通过聘任委员会评估应聘者，签订聘用合同，成为学校的正式教师。职务聘任，学校和教师之间需要签订明确的聘用合同，内容涉及教师的工资、福利、晋升和奖励等事项。

3. 职称评审和职务聘任在高职院校教师评价和聘任中起着重要作用

正确理解职称评审和职务聘任间的关系，对推动高职院校人才培养和管理改革，提高高职院校教师的教学和科研水平具有积极作用。高职院校应按照标准流程和诚信原则进行职称评审和职务聘任，使人才评价机制更加合理透明，使教师队伍更加优秀、稳定和有序，进而服务于高职院校教育事业的发展。

二、我国高职院校教师聘任制度的现状

高职院校是我国职业教育领域的重要组成部分，对培养高素质职业人才发挥着不可忽视的作用。高职院校教师队伍的素质和水平直接影响我国职业教育的质量和发展。目前，高职院校教师聘任制度已逐渐成熟并完善，但也存在需要进一步深化改革的问题。

首先，高职院校教师职务等级的设置及基本条件的明确为高职院校教师的招聘、选拔和评价提供了明确的标准和依据。然而，由于高职院校聘任制度对教师素质要求较宽松，这在一定程度上影响了高职院校的教育质量和发展。其次，高职院校教师的考录及晋升形式也存在问题。高职院校毕业生成为高职院校教师的主

要来源，容易导致教育界的"近亲繁殖"。同时，高职院校教师职业发展没有时限要求，缺乏竞争退出机制，难以对不尽责的教师进行有效的管理。此外，高职院校教师的考核方式也亟待改进。目前，高职院校每年对教师的考核涉及德、能、勤、绩四个方面，但实测结果往往受到程序和环节等多方面的影响，且考核结果的应用性较弱。因此，建立科学、公正、有效的考核制度对于高职院校教师队伍的管理至关重要。

针对上述问题，高职院校教师管理部门应加强对聘任、晋升等方面的监管，并制定更加公正、严谨的管理机制，以提升高职教师队伍的整体素质。为加强管理，需要建立严格的职业道德规范，严防近亲繁殖问题的发生；要完善高职院校教师队伍的考核制度，注重教育教学质量，同时加强对成果、绩效等方面的考核。此外，还需要尽快建立有竞争要求的教师晋升机制，对于不尽责工作的教师进行必要的退出管理，以进一步提升学校的整体水平。高职院校教师队伍的规模是我国职业教育事业的重要组成部分，加强高职院校教师队伍的管理，建立更加科学、公正、有效的管理机制，是推动职业教育事业持续健康发展的重要环节。

高职院校教师聘任制度是教育事业发展的重要组成部分，其目的在于提高教师职业素质，促进教育教学质量的提高。然而，在实施过程中，我们也面临着一些问题和挑战。下面将从评聘管理模式不完善、科研成果与教学业绩不协调、成果数量与成果质量不对称以及职前聘任与聘后考核不延续四个方面进行探讨。

1. 评聘管理模式不完善

目前，我国高职院校教师聘任制度的评聘管理模式不够完善，存在一些问题。首先，聘任标准不够明确，评审标准不够统一；其次，评审流程存在不规范的情况，评审委员会的成员构成和评审方式也需要进一步完善；最后，对于不同学科、不同领域的教师，评审标准和流程也需要进行差异化处理，以充分考虑其特殊情况。

2. 科研成果与教学业绩不协调

在我国高职院校教师聘任制度中，科研成果和教学业绩被赋予了相同的重要性，但实际上，这两者之间并不总是协调一致的。一方面，一些教师更注重科研成果的产出，而忽视了教学工作的重要性；另一方面，一些教师则更注重教学工作的完成情况，而忽视了科研成果的重要性。

3. 成果数量与成果质量不对称

在高职院校教师聘任制度中，评估教师的科研成果时，通常会以成果数量为主要标准。然而，这种评价标准存在一定的问题，因为它忽略了成果质量的重要性。一些教师可能会通过大量发表论文或获得专利等方式来满足聘任评审的要求，但这些成果的质量并不一定高。因此，我们需要加强对成果质量的考核，以确保科研成果的质量和水平。

4. 职前聘任与聘后考核不延续

在高职院校教师聘任制度中，职前聘任和聘后考核的内容和标准并不一致。一些教师在职前聘任时可能已经达到了聘任标准，但在聘后考核时却因为某些因素而被否决。这种情况不仅会影响教师的职业发展，也会影响高职院校整体的教育教学质量。

为了解决这些问题，我们需要加强对评聘管理模式的完善，充分考虑科研成果和教学业绩的协调性以及成果数量和成果质量的对称性。此外，职前聘任和聘后考核的内容和标准也需要进一步统一，以确保评审结果的公正和科学。只有通过不断的改进和完善，才能够建立起一个更加科学、公正、透明的高职院校教师聘任制度，促进高职教育的发展和提高教育教学质量。

第二节 高职院校教师聘任制度的 改革与发展

一、高职院校教师聘任制度的发展过程

（一）技术职务任命时期

我国教师职称聘任制度的发展可以追溯到中华人民共和国成立时。从技术职务任命制时期、职称聘任制时期，到专业技术职务聘任制时期，我国教师职称制度逐渐完善，走向了现代化。在这一时期，我国高职院校的职称制度基本上实行技术职务任命制，但这时还未形成完整且系统的教师职称制度。技术职务由单位的需求以及机构编制情况来确定，并与工资高低密切相关。这种聘任方式基本由党政领导直接任命，与行政职务任命相似。然而，这种聘任方式并不公平和科学。

1960年2月，国务院全体会议通过了《国务院关于高等学校教师职务名称及其确定与提升办法的暂行规定》。随后，教育部印发了《关于执行国务院关于高等学校教师职务名称及其确定与提升办法的实施办法》和《国务院关于高等学校教师职务名称及其确定与提升办法的暂行规定》。这两部法规的出台标志着我国教师职称制度开始规范化，以学术和专业能力为评判标准，逐步摆脱了行政任命。

总之，我国教师职称聘任制度的发展历程是一个不断完善和逐步规范的过程。通过改革和优化，我国的教师职称制度逐步走向现代化，为教师的专业发展提供了更加公正和科学的评判标准，也为高职教育的发展提供了更加坚实的保障。

（二）职称聘任时期

1977 年，我国恢复了技术职称，建立了职称聘任制度，并实行了技术岗位责任制。当时的职称聘任制度具有以下四个特点：首先，职称聘任与工资待遇无关，这种评价方式更加公正和客观；其次，职称聘任没有任期限制，一次获得职称后终身有效，体现了评定的公正性和专业性；第三，职称聘任没有岗位要求和职数限制，使评定更加灵活和多样化；最后，职称只是表明专业技术人员水平和工作成就的称号，由专家评定确定，更加科学和权威。然而，随着教育事业的发展和高职院校规模的扩大，职称聘任制度也需要不断完善和发展。1993 年，国务院颁布了《高等学校教师职务制度》，明确规定了教师职称的设置、评聘程序和聘任条件等。2005 年，教育部制定了《高等学校教师职称评定暂行规定》，进一步明确了教师职称评定的标准和程序，使评定更加科学、公正和透明。目前，我国教师职称制度已完全实行聘任制，聘任程序和聘任条件也更加严格和规范。同时，根据不同学科和专业的特点，教师职称分为教授、副教授、讲师、助教等多个级别，更好地适应教学和科研需求。

（三）专业技术职务聘任时期

随着我国教育事业的不断发展和高职院校规模的扩大，教师职称制度也在不断完善和发展。1986 年，我国开始实行专业技术职务聘任制，但实际上并没有真正建立起严格的聘任制度。直到2001 年，中国科院校全面推行岗位聘任制，停止了专业技术职务的任职资格评定。2004 年，《北京大学教师聘任和职务晋升制度改革方案》开始实施，对高职院校教师职称工作产生了重要影响。

在实施聘任制度之前，我国的教师职称评定主要依靠职称评审委员会的评审，评定标准固定，评审过程不够透明和公正。而聘任制度则更加注重教师的实际工作表现和能力，评审过程更加公开透明，实现了教师职称评定的科学性和公正性。然而，实施聘任制度也面临着一些挑战。首先，聘任制度的实施需要完善的评估机制和评价标准，并对教师的工作进行全方位的评估，包括教学、科研、社会服务等方面；其次，聘任制度需要建立完善的激励机制，激励教师积极投入工作，提高工作水平；最后，聘任制度需要建立健全的管理机制，以保证聘任工作的公开、公正和规范。

　　针对这些挑战，各高职院校和教育部门也在积极探索和尝试。比如在评定聘任过程中，可以采用多元评价方式，包括学生评价、同行评价、专家评价等，更全面地了解教师的工作表现和能力。同时，可以建立各种奖励机制，如聘任奖、优秀教师奖等，激励教师积极投入工作，提高工作水平。此外，教育部门也加强了对聘任工作的监督和管理，建立了监督机制和投诉机制，以确保聘任工作的公开、公正和规范。

二、高职院校教师聘任制度的优化

（一）科学定岗

　　教师职务聘任管理是一个相当严肃的过程，也是每位教师人生中最重要的一步。科学定岗是教师职务聘任管理的前提和基础。科学合理的岗位设置是根据学校的发展规划和高职教育的特点，充分考虑专业和学科发展的需求，坚持"以事定岗，因事设职"的原则，根据工作任务和业务职责要求确定专业技术职务岗位。其目的是在充分调动教师积极性的同时，做到公正、公平、公开，让真正优秀的教师能够脱颖而出，实现人尽其才、物尽其用的目标。

　　对于高职院校来说，教学岗和实训指导岗是两类必不可少的岗位，具体设置取决于学校的特点。首先，对于重点院校，可以增加关键岗、重点岗和基础岗三个层次，分层分级地设置 $1 \sim 2$ 档岗位。教师通过学术研究、专业技能、教学能力和社会服务等多个方面提升个人综合素质，以竞争上岗。学校在这一过程中需要逐步淡化"职称"的概念，转向重视岗位能力和职责的体现，实行岗位管理。其次，根据教育部有关专业技术人员定编定员的文件精神和高职教育的特点，确定分层分级的结构比例。按照 $1 \sim 2$ 档岗位确定关键岗、重点岗、基础岗的比例，并通过激励有突出业绩的教师应聘到相应的关键岗和重点岗。可以看出，学校为了营造竞争激烈、优胜劣汰的氛围，不会直接提拔教师，而是让每位教师应该做到"相当于职称已经到位"的工作表现，以此来取得岗位职务提升的机会。

岗位的设置不仅要注意根据专业和学科的特点，还要注重确定岗位职责和工作任务，并根据这些要求设定好上岗条件和岗位职责。上岗条件以前一轮聘期考核成绩为依据，体现工作要求的连续性和循序渐进性。对于教学效果特别好或科技服务工作突出的人才，可以通过设置直接进入关键岗或重点岗的途径，让他们获得更多发展机会和空间。在一个聘期内，岗位等级不得随意变动。只有在取得较高的学术荣誉并经校方批准的情况下，才能按照直接进岗条件重新确定岗位。这种严谨、规范的管理方式既让教师承担更多责任，也有利于打造一支真正的教育精英队伍，不断提高高职教育的质量水平。

总之，科学定岗是教师职务聘任管理的前提和基础。只有根据学校的实际情况，合理设置岗位，注重岗位职责和工作任务的确定，才能让教师真正做到"适岗尽职"，为高职教育的蓬勃发展助力。

（二）规范考核

规范考核是教师职务聘任管理的重要依据，可以确保教师队伍的素质和能力，提升教学质量和科研水平。在高职院校中，规范考核尤为关键，因为它们的教师队伍相对年轻，需要通过考核来发掘和选拔优秀人才。

在制订教学工作业绩考核办法和考核量化指标时，需要突出教学评价，包括教学工作量、教学效果、教学建设与研究等方面。针对不同类型和层次的教师，采用不同的考核标准，严格规定考核等级和比例，实施"教学效果优先"和"一票否决"制度。这样可以确保教学质量和教学效果，让学生得到更好的教育。为了避免科研工作出现急功近利、急于求成的浮躁风气，科研工作只作为聘期满的考核要求。明确科研工作的计分办法，为不同的科研工作给予不同的分值，引导教师以人才培养和服务社会为导向开展科研工作，不断提高学术水平。这样能够让教师在科研方面有更大的发挥空间，提升他们的科研水平和能力。为了鼓励教师发挥自身优势，教学工作和科研工作可以按一定的标准相互抵冲折算。学校应鼓励教师自主、合理地分配各项工作的时间，专注于自身擅长的领域。在设置教学岗位和实训指导岗位的基础上，逐步形成以科研为主的岗位。这样能够发挥每位教师的优势，让他们在自己擅长的领域有所作为，提升教育教学质量和科研水平。

规范考核是教师职务聘任管理的依据，对于高职院校尤为重要。通过完善考核机制，制定科学的考核标准，鼓励教师发挥自身优势，能够提升教师队伍的素质和能力，提高教学质量和科研水平，为高职院校的发展做出更大的贡献。

（三）按绩分配

教师是教育教学工作中至关重要的一部分，他们的工作质量和能力直接影响着学校的教学质量和声誉。为了激励教师发挥自身优势，提高教学质量和科研水平，高职院校需要建立科学的教师职务聘任管理机制，其中按绩分配是教师职务聘任管理的重要动力。

按绩分配是一种以教师业绩为依据的薪酬分配方式。在这种制度下，教师的业绩将被当作决定他们的薪酬和晋升的重要依据。这种制度的目的是激励教师工作的积极性和创造性，推动教师在教学、科研和服务等方面取得更好的成绩。在实践中，按绩分配需要充分考虑教师的岗位性质、工作量和工作质量等因素，通过合理分配和奖励，激励教师在自己的岗位上不断创新和进步。

在按绩分配的机制下，教师的业绩成为晋升和薪酬分配的重要依据。为了更好地实施这种机制，高职院校需要科学地进行岗位设置和教师职责分配，确保教师的工作职责和工作量与相应的岗位要求相适应。此外，还需要制定合理的考核标准和量化指标，以确保考核的公平和客观性。

在按绩分配的机制下，需要将教师的校内津贴分为岗位津贴、工作量津贴和突出贡献津贴等，以实现薪酬结构的优化。岗位津贴主要与上一轮聘期内的工作业绩挂钩。对于不同岗位设置不同的津贴，适当拉开差距，重点关注关键岗位和重点岗位的津贴。工作量津贴主要与当前教学工作业绩考核挂钩，不仅考虑教学工作量的多少，还综合考虑评教成绩、承担的教学建设工作和教学研究工作。突出贡献津贴则是为了奖励那些取得标志性成果的教师，如国家级省级教学成果奖、国家级省级精品课程、四大检索一级期刊论文、国家级省级自然基金项目等。这种区分能够充分激励教师的工作积极性和创造性，提高教学质量和科研水平。

在按绩分配的机制下，还需要注意一些问题。首先，分配差距不能过大，避免出现"贫富差距过大"的现象；其次，需要建立完善的考核机制，确保考核的公平和客观；最后，按绩分配的机制需要不断完善和调整，以适应不同阶段和不同情况的需要。

按绩分配是教师职务聘任管理的重要动力源泉。通过科学的岗位设置和教师职责分配、合理的考核标准和量化指标、优化薪酬结构等措施，能够激发教师工作的积极性和创造性，提高教学质量和科研水平，为民办高职院校的发展做出更大的贡献。

（四）择优聘任

教师职务聘任制度的实施是现代教育管理体系的重要组成部分，同时也是促进教育事业发展的重要手段之一。教师职务聘任制度的核心是择优聘任。它的实行可以打破传统的"论资排辈、平均主义"的局面，建立起"优胜劣汰、合理流动"的竞争激励机制。

择优聘任要建立优岗聘任、双向选择。具体来说，在科学设岗和明确岗位责权利和义务的前提下，教师应根据自身的业务水平来竞争上岗，而学校则应根据岗位职数和岗位要求择优聘任教师，实现岗位与人员的匹配。为了保证教师职务聘任的公开、公正、公平，岗位聘任工作应有严格、规范的程序。校系两级应成立岗位聘任工作机构，公布岗位聘任的时间和流程，公示上岗情况和岗位等级，允许在公示期间进行申诉。同时，在规范程序的同时，还要制定相应的聘约管理制度。合同管理应注重考核教师的业绩，并将合同内容作为双方行为的约束和规范。合同应明确教师和学校双方的权利和义务，使合同成为考核教师业绩和兑现薪酬的依据，并为解决双方争议提供了法律依据。因此，合同管理对教师职务的升迁、薪酬的晋升等影响非常大。要注意对职务聘任的动态管理，职务聘任合同的履行应根据教师的业绩来决定续聘、高聘、低聘、缓聘或解聘等。这种动态管理能够增强教师的危机感和竞争意识，使教师更加努力地工作，真正建立起教师职务能上能下、薪酬有高有低、充满活力和生机的聘任机制。

总之，教师职务聘任制度的实行对于学校和教师来说都具有非常重要的意义。实施择优聘任是倡导教育公正，提高人才素质的重要举措。

三、高职院校教师岗位聘任管理体系构建

（一）系统性

教师是高职院校最重要的资源，也是核心竞争力所在。教师岗位聘任管理是高职院校人事管理体系中至关重要的一个子系统。为了实现学校可持续发展和师资队伍建设的总体目标，必须构建基于系统论的教师岗位聘任管理体系。

教师岗位聘任管理体系应具备整体性功能。高职院校人事制度改革涉及面广、层次多、难度大，必须在学校内部管理体制改革的整体目标下，将教师岗位聘任管理体系与其他子系统形成有机协调，以实现整体大于部分的效果。

构建教师岗位聘任管理体系应遵循科学设岗、择优聘任、严格考核、按绩分配的改革思路，并将这四个环节有机结合。在教师岗位聘任时，必须根据学校的实际情况，科学设定岗位，并制定明确的聘任标准，以确保教师的任职符合学校的需求和要求。在教师考核方面，必须建立一套科学、公正、有效的考核机制，以确保教师的工作质量和能力得到有效评价。在教师的收入分配方面，必须按照教师的工作业绩和贡献进行合理分配和奖励，以激发教师的工作热情和创造力。

优化教师岗位聘任管理体系需要注意：必须确保教师的聘任和晋升是基于其真实的工作业绩和贡献，而不是其他因素；必须建立科学的岗位设置和教师职责分配，以确保教师的工作职责和工作量与相应的岗位要求相适应；必须制定合理的考核标准和量化指标，以确保考核的公平和客观性。最后，按绩分配的机制需要不断完善和调整，以适应不同阶段和不同情况下的需求。

总之，教师岗位聘任管理体系的构建对于高职院校的发展至关重要。通过科学地设岗、择优聘任、严格考核和按绩分配的改

革，可以提升教师队伍的素质和能力，推动学校的可持续发展。

（二）层次性

高职院校的不断壮大和发展，推动着教学科研工作的不断发展。在教师团队建设中，教师聘任管理体系成了监督和保障教师素质的重要措施。这个系统的设计和执行是人事制度改革的成果，它有效解决了教师管理中的许多难点。

教师岗位聘任管理体系是高职院校人事制度改革的一个子系统，包括科学设岗、择优聘任、严格考核和按绩分配等四个子系统。其中，科学设岗是实施教师岗位聘任管理的基础和前提。通过科学设定岗位要求，教师可以更好地发挥自身优势，为学校的教学科研工作做出应有的贡献。科学设岗还能保证在聘任管理过程中选拔优秀人才，实现人才队伍的稳步增长。

择优聘任子系统可以为优秀的教师提供更多机会和空间。通过公平竞争和按优排序的方式，可以确保教师的聘任工作公正、公平、公开，使优秀教师脱颖而出成为学校的精英。严格考核子系统可以保证教师职务聘任的持续高效，通过对教师进行考核，可以筛选出优秀、一般和不合格的人力资源，为进一步的分配打下基础。

教师岗位聘任管理体系的设计和实施不仅有利于推动高职院校教学科研工作的不断发展，也对教师队伍建设和管理工作提出了更高的要求。因此，每个高职院校都应该将教师聘任管理体系的相关规定牢记于心，并注重自我提升，以达到良性循环的效果。

（三）关联性

教师岗位聘任管理体系是高职院校人事管理体系的重要组成部分，包括岗位聘任制度改革、考核制度改革和分配制度改革这三个要素。这些要素之间存在着相互依存、相互联系和相互作用的关系。在构建教师岗位聘任管理体系时，必须注重这些要素之间的逻辑联系，以更好地实现学校的发展目标。

岗位聘任制度改革是教师岗位聘任管理体系的重要组成部分。在教师岗位聘任时，必须根据学校的实际情况科学设岗，并制定明确的聘任标准，以确保教师的任职符合学校的需要和要求。岗位聘任制度的改革不仅可以保证教师的素质，还可以提高学校的整体竞争力。考核制度改革也是教师岗位聘任管理体系的重要组成部分。必须建立一套科学、公正、有效的考核机制，以确保教师的工作质量和能力得到有效的评价。科学合理的考核制度不仅可以激发教师的工作热情和创造力，还可以提高教学质量和科研水平，为学校的发展提供坚实的保障。分配制度改革也是教师岗位聘任管理体系的重要组成部分。分配制度应根据教师的工作业绩和贡献进行合理分配和奖励，以激发教师的工作热情和创造力。合理的分配制度不仅可以提高教师的工作积极性，还可以保证学校师资队伍的稳定发展。

岗位聘任制度改革是教师岗位聘任管理体系的基础，考核制度改革和分配制度改革是在此基础上的深化和完善。教师的岗位聘任、考核和分配是一体的，必须相互配合、相互促进，形成有机的整体。只有这样，才能真正激发教师的工作热情和创造力，提高教学质量和科研水平，为高职院校的发展做出更大的贡献。

（四）更新性

教师岗位聘任系统作为一种重要的管理机制在高职院校中发挥着重要作用。然而，在当前形势下，高职院校教师岗位聘任系统的新陈代谢问题已经日益凸显。随着生源逐年减少和人才市场的竞争日趋激烈，高职院校教师岗位聘任系统需要不断调整和升级，以适应当前形势，科学地管理教师队伍，并为高职院校的未来发展打下坚实基础。

　　高职院校教师岗位聘任系统既需要保持稳定，又需要具备灵活性和动态调整的能力。随着人才市场的竞争越来越激烈，高职院校需要吸纳更多高素质、高技能的教师进入教学队伍，并确保原有的优秀教师不流失。因此，高职院校教师岗位聘任系统需要建立完整的科学评价机制，确保岗位与绩效完全匹配，实现能进能出、能上能下，优化和稳定的教师队伍。

　　在当今社会，人才流动已成为常态，教师在职业发展过程中也需要向全社会开放，不断学习和获取新知识和技能。因此，高职院校教师岗位聘任系统需要建立完整的职业发展体系，满足教师个人职业发展的需求，同时确保整个系统的健康运作。解决高职院校教师岗位聘任系统新陈代谢问题需要高职院校充分发掘内部潜力和资源，促进岗位与教师的有效匹配。要从教师的实际工作出发，统筹考虑教师个人发展和高职院校整体需求，形成高效有序的教师队伍管理模式。同时，在建设和运营教师队伍管理系统的同时，逐渐引入云教育、在线学习等新兴教学模式，提升教师教学水平和课程质量。

　　总之，高职院校教师岗位聘任系统的新陈代谢问题不仅是教师队伍管理的重要问题，也是高职院校整体发展的基础所在。高职院校需要不断更新观念，顺应时代潮流，通过持续调整课程设置、教师培训、教学模式等一系列措施，确保高职院校教师岗位聘任系统能够真正适应当下形势，为高职院校的未来发展打下坚实基础。

四、完善高职院校教师聘任制度的对策

　　高职院校教师聘任制度是高等教育体制改革的重要一环，也是高等教育质量的重要保障。高职院校教师聘任制度的完善可以提高高职院校教师的积极性和创造性，提高高等教育教学质量，

推动高职院校教育事业的健康发展。但是，当前高职院校教师聘任制度仍需要完善。

（一）立法确定聘任合同的法律性质

高职院校教师聘任合同的法律性质是高职院校教师聘任制度的核心问题之一。目前，高职院校教师聘任合同既具有劳动合同的性质，也具有行政合同的性质，存在法律上的模糊。因此，立法确定高职院校教师聘任合同的双方法律地位，明确其法律性质，是完善高职院校教师聘任制度的重要前提。

1. 确定双方法律地位

高职院校教师聘任合同的双方法律地位应该包括两个方面：一是劳动法律地位，二是行政法律地位。在劳动法律地位方面，高职院校教师聘任合同应该作为一种劳动合同来处理，包括劳动者的权利和义务，以及劳动关系的解除、终止等问题。在行政法律地位方面，高职院校教师聘任合同应该作为一种行政合同来处理，包括行政机关的权利和义务，以及行政关系的解除、终止等问题。通过确定高职院校教师聘任合同的双方法律地位，可以明确高职院校教师聘任的性质和法律地位，为高职院校教师聘任制度改革提供法律保障。

2. 确定高职院校教师聘任合同为劳动合同

高职院校教师聘任合同应该被确定为一种劳动合同，具有劳动关系的基本特征，包括工作内容、工作时间、工作地点、工作报酬等。将高职院校教师聘任合同确定为劳动合同，可以使高职院校教师和高职院校之间的劳动关系更加明确，保障高职院校教师的劳动权力和利益，有利于提高高职院校教师的积极性和创造性。

（二）完善教师聘任制度的配套政策

完善教师聘任制度的配套政策是保障教师权益和提高教师素质的重要手段。下面从完善绩效评估制度、实施人事代理制度、完善社会保障制度、完善高职院校聘任人事争议处理制度和落实高职院校办学自主权等方面，提出完善教师聘任制度的配套政策。

1.制定公平、公正、公开的绩效评估制度

绩效评估是教师聘任制度的核心环节，也是教师绩效管理的重要手段。制定公平、公正、公开的绩效评估制度，可以促进教师的积极性和创造性，提高教学质量和教育水平。绩效评估制度应该包括教学业绩、科研业绩、社会服务业绩等方面的评估指标，同时要注重评价方法的科学性和客观性，确保评估结果的公正性和准确性。

2.实施人事代理制度

高职院校教师聘任制度中存在一些问题，如聘任程序不透明、聘任标准不明确等，这些问题都与高职院校自身的管理能力和经验有关。因此，建立人事代理制度，引入专业的人事代理机构，可以有效地解决高职院校教师聘任制度中的一些问题，提高聘任程序的透明度和公正性。

3.完善社会保障制度

完善社会保障制度是保障教师权益的重要措施。高职院校教师应该享有与其他劳动者相同的社会保障待遇，包括医疗保险、养老保险、失业保险等。同时，还应该建立教师住房保障制度，为教师提供安居乐业的条件。

4.完善高职院校聘任人事争议处理制度

完善高职院校聘任人事争议处理制度是保障教师权益的重要措施。高职院校应该建立健全的聘任人事争议处理机制，包括申诉、仲裁、诉讼等多种方式，确保教师的合法权益得到维护。

5.落实高职院校办学自主权

高职院校办学自主权是保障教师权益的重要保障。高职院校应该落实办学自主权，根据自身的特点和发展需求，制定适合自己的教师聘任制度，保障教师的权益和利益。

（三）加强教师权益保障

加强教师权益保障是完善教师聘任制度的重要内容。下面从加强教师权益的法律保障、组织保障、经济保障等方面，提出加强教师权益的具体措施。

1.加强教师权益的法律保障

加强教师权益的法律保障是保障教师权益的基础。加强教师权益的法律保障包括完善相关法律法规、加强对违法行为的打击、建立健全教师维权机制等方面。

2.加强教师权益的组织保障

加强教师权益的组织保障是保障教师权益的重要举措。建立教师权益保障组织，如教师工会、教师协会等，可以为教师提供法律咨询、维权代理等服务，保障教师的权益。

3.加强教师权益的经济保障

加强教师权益的经济保障是保障教师权益的重要手段。因此，要加大对教师保障的经济投入，提高教师的待遇和福利水平，如加大教师聘任经费的投入、提高教师工资水平、改善教师休息条件等。

五、高职院校教师聘任工作的开展

相对于公办高职院校，民办高职院校的教师聘任工作重点会有所不同，在实际操作中还存在一些问题和挑战。比如聘任标准的制定、教师队伍的建设、评估机制的完善、聘任与考核的关系等方面，都需要相关人员有所侧重。

（一）聘任标准的制定

民办高职院校的聘任标准制定相对较为灵活，通常会根据学校的需求和特点进行制定，但这也容易导致标准不够规范和明确。相比之下，公办高职院校的聘任标准通常会更加统一和规范，以确保评审结果的公正和科学。

（二）教师队伍的建设

民办高职院校相对于公办高职院校而言，教师队伍的建设存在一些差距。一方面，民办高职院校的教师队伍相对较年轻，且缺乏公办高职院校的一些资源和支持。另一方面，民办高职院校的教师队伍也具有一些优势，比如更加注重实践能力和创新精神的培养。

（三）评估机制的完善

在民办高职院校的教师聘任制度中，评估机制的完善也是一个重要的问题。由于民办高职院校的评估机制相对较新，因此还需要进一步完善和健全。这包括评审标准和流程的规范、评审委员会的成员构成和评审方式的优化等方面。

（四）聘任与考核的关系

在民办高职院校的教师聘任制度中，聘任和考核之间的关系也需要进一步明确。由于民办高职院校的教师队伍相对较年轻，因此聘任和考核的时间间隔可能会更加紧密。同时，考核的内容和标准也需要与聘任标准相一致，以确保评审结果的公正和科学。

总的来说，相比公办高职院校而言，民办高职院校的教师聘任制度存在一些差距和挑战。但是，随着我国经济和教育的发展，民办高职院校的教师队伍也在不断发展壮大，相信在今后的发展中，这些问题和挑战也能够得到逐步解决和克服。

高职院校教师聘任制度是一个复杂的问题，涉及高职院校教师的切身利益。为了更好地指导教师聘任制度的实施，需要对其与其他相关问题之间的关系进行研究。

高职院校教师聘任合同的法律地位和教师聘任合同的法律性质对于制度实施至关重要。在实施高职院校教师聘任制度时，必须将以人为本放在首位，将维护高职院校教师权益作为核心。高职院校教师的参与是推进这个制度的重要因素，管理者除了要保证教师能够具有实体权利外，还需要注重保护教师实现这一权利的程序性权利。为了扩大教师维权的渠道，需要确立一套更加完善的维权机制，包括调解、申诉、仲裁和诉讼等多种途径。

高职院校教师聘任制度是整个人事制度改革的重要组成部分。通过推行教师聘任制，可以加强学科建设，优化教师师资队伍，促进人才的合理流动，吸引和稳定骨干教师，形成良好的人力资源配置机制，并建立一流的师资队伍。

实施高职院校教师聘任制是为了发挥市场机制在高职院校人力资源中的作用。这个制度可以在高职院校教师中建立一种有效的竞争机制，提升教师的教学质量和学术水平，推动教学科研事业的发展。

第六章　高职院校教师薪酬管理

第一节　薪酬管理的概述

一、相关概念

（一）薪酬体系

薪酬体系是高职院校管理中至关重要的组成部分之一。它涵盖了组织或机构为教师提供的各类薪酬形式，包括基本薪酬、绩效薪酬、福利、津补贴、年金、奖金等，构成了教师的经济报酬。直接薪酬作为薪酬体系的核心内容，直接影响着教师的生活水平。通常采用按月计算的方式，不同高职院校根据生产经营性质采用不同的薪酬制度。比如一些高职院校对高层管理人员采用年薪制，而对部分人员则采用计件或计时薪酬制度[①]。

除了直接薪酬，教师的社会保险、福利、津贴等也是薪酬体系的重要组成部分。这些广义的薪酬包括国家法定部分和高职院校组织自定部分。比如社会保险是《社会保险法》为保障劳动者合法权益而提出的要求，高职院校组织或机构必须按照一定比例

---

① 李康，杨扩武，汝仲修，等.高职院校师资队伍现状分析及对策——以西安铁路高职院校为例 [J]. 新西部（理论版），2012.

为劳动者进行投保。社会保险是高职院校为教师提供的工资性支出。此外，高职院校可以为教师设立高职院校年金，增强教师的退休待遇，这个可由高职院校组织自行确定。其他教师福利、津贴往往根据高职院校自身条件而定。

薪酬体系的建立对于高职院校的发展至关重要。一方面，完善的薪酬体系可以提高教师的工作积极性和创造力，促进高职院校的发展。另一方面，良好的薪酬体系可以帮助高职院校吸引和留住优秀的人才，避免人才流失和招聘成本的增加。因此，高职院校应根据自身情况和需求，建立科学合理的薪酬体系，满足教师的需求，促进高职院校的发展。

在薪酬体系的建立过程中，高职院校需要制订明确的薪酬制度和标准，以确保教师的薪酬符合高职院校的需求和要求；需要建立科学合理的绩效考核体系，以便更好地评价教师的工作质量和能力。此外，高职院校还需要考虑教师的个人情况和需求，为教师提供良好的福利和津贴，以增强教师的归属感和忠诚度。

总之，薪酬体系是高职院校管理中至关重要的组成部分之一，包括直接薪酬和广义的薪酬。高职院校应根据自身情况和需求，建立科学合理的薪酬体系，以促进教师的发展和高职院校的发展。

（二）薪酬激励体系

薪酬激励体系在高职院校经营管理中占据着重要地位，对于提升高职院校绩效、保持教师稳定性和提升教师工作积极性起着关键性作用。优秀的薪酬激励体系能够使高职院校在同行业竞争中更具活力，吸引更多优秀人才，并激发教师的积极性。

薪酬激励体系包含质量和效率两个维度，其主要目的是通过奖励机制和惩罚机制来反馈教师的业绩表现。在建立薪酬激励体系时，管理者除了要考虑教师需求外，还要考虑学校的实际情况和制定的目标，同时根据教师的岗位、职责、工作内容、风险度和参与程度等不同情况进行差异化的薪酬设置。

在实施薪酬激励体系时，除了设立合理完善的奖励机制和惩罚机制，还需要透明公正地开展绩效评估。评估过程应该客观公正，评估结果应为教师提供准确的反馈信息，教师的薪酬报酬应与其表现相匹配，并与公司整体业绩密切相关。为了更好地落实薪酬激励体系，高职院校还应开展多种形式的激励活动。除了定期进行绩效评估和奖惩外，学校可以设立称号如"明星教师""最佳组织协调员"等，设立职业道德奖、无误工程奖、团队协作奖等多种奖项，进一步激励教师的工作积极性，同时确保质量和效率，创造出更好的业绩。

一个完善的薪酬激励体系可以激发教师的积极性，增强他们的工作信心，提高工作环境和高职院校的整体生产能力。它是高职院校实现可持续发展的必要前提。通过制定成熟的实施方案，高职院校可以在提高收益和实现持续发展之间取得合适的平衡，从而在市场竞争中保持优势。因此，高职院校应制订相应的激励计划，并合理落实，以实现高职院校整体价值和教师个人发展的共赢局面。

（三）薪酬的功能

薪酬在组织管理中扮演着至关重要的角色。作为对教师劳动价值的补偿，它具有保障、激励、社会信号和增值功能，既回报了教师的劳动，也促进了优秀教师的留下和发展。

首先，薪酬具有保障功能，是教师收入的基本保障，以满足其基本生活需求。合理的薪酬水平直接影响教师的生产力和工作效率。对高职院校而言，提供稳定和合理的薪酬有助于维护组织的稳定性和生产力。其次，薪酬具有激励功能。优质的薪酬制度是吸引、激励和留住教师的重要手段。作为一种明显的激励方式，薪酬能够直接激发教师的工作意愿和积极性，使其更加专注地投入工作中，从而实现工作目标。此外，薪酬在社会信号方面也起着重要的作用。薪酬水平不仅影响着教师的价值观，也传达了高职院校的社会责任和价值观。合理的薪酬制度能够反映高职院校的用人理念，彰显对教师的关爱和尊重。相反，不合理或存在问题的薪酬制度可能引发教师不满，影响组织的稳定性。最后，薪酬具有增值功能。正常的薪酬既可以保障教师个人财务健康增长，也可以作为对其努力工作和业绩的回报，进一步激励教师实现职业和个人发展。通过长期的薪酬制度，高职院校还可以树立表现出更好发展潜力、价值和能力的组织形象。

薪酬作为高职院校经营活动的重要因素之一，其合理性、透明性和公正性关系到高职院校的运转和发展。高职院校应根据学校战略和教师需求合理制定薪酬标准，并提高透明度和沟通效率。只有这样，才能最大限度地发挥薪酬的保障、激励、社会传递和增值功能，为高职院校的持续发展提供稳定的支持。

二、相关理论

（一）全面薪酬理论

随着市场经济的发展和同行业竞争的加剧，高职院校越来越意识到薪酬体系的重要性。全面薪酬体系是一种新型的薪酬体系，它将经济性薪酬与非经济性薪酬相结合，旨在更全面地激励和激发教师的工作积极性和创造力。

在全面薪酬体系中，经济性薪酬是重要的组成部分，包括短期薪酬和长期薪酬。短期薪酬是教师在短期内获得的直接经济报酬，如基本工资、绩效奖金和津贴。这些薪酬能够激励教师在短期内更加努力地工作，提高工作效率和产出。长期薪酬则是教师在较长时间内获得的经济回报。这些薪酬能够激励教师更加关注高职院校的长期发展，为高职院校创造更多的价值。同时，全面薪酬体系中的非经济性薪酬也是不可或缺的部分，包括教师的工作本身、工作环境和组织特征等方面。这些因素能够影响教师的工作体验和满意度，促进教师对高职院校的归属感和忠诚度。比如良好的工作环境可以让教师感到愉悦和舒适，进而促进工作积极性和创造力。高职院校的组织特征和文化氛围也会影响教师的工作体验和满意度。

全面薪酬体系将经济性薪酬和非经济性薪酬相结合，以期更全面地激励和激发教师的工作积极性和创造力。它能够满足教师的不同需求，促进教师的职业发展和成长，同时也能够促进高职院校的发展和进步。因此，高职院校应根据自身情况和需要建立科学合理的全面薪酬体系，以满足教师的需求，促进高职院校的发展。

在建立全面薪酬体系的过程中，高职院校需要考虑；需要制定明确的薪酬制度和标准，以确保教师的薪酬符合高职院校的需求和要求；需要建立科学合理的绩效考核体系，以更好地评价教师的工作质量和能力。此外，高职院校还需考虑教师的个人情况和需求，为教师提供良好的福利和津贴，以增强教师的归属感和忠诚度。

（二）需求层次理论

在人类需求层次理论中，生理需求是最基本和最迫切的需求，教师也不例外。在高职院校中专任教师平均薪酬较低，需要承担许多生活压力。因此，高职院校应根据行业工资水平提高教师的薪资待遇，给予教师基本生活的保障。除了生理需求，安全需求也是人类的一个重要需求层次。在高职院校，专任教师的个人安全感较差，如果学校经营不善，他们将面临解除合同甚至失业的危险。因此，高职院校应加大对专任教师的社会保障福利，提供给教师安全、稳定的工作环境，增强教师的安全感和归属感。

人际交往需求也是专任教师不可忽视的需求层次。由于高职院校缺少了公办院校的稳定性和归属感，给专任教师带来较大的担忧。为解决这一问题，高职院校应该给予专任教师更多的关注和照顾，让专任教师成为高职院校的核心，成为民办教育事业的核心。比如学校可以定期组织聚会，鼓励教师之间的合作，加强教师培训，提高教师在学校中的归属感和认同感。尊重的需求和自我实现的需求属于较高层次的需求。在专任教师的工作中，教师们更渴望得到领导的肯定、同事的赏识以及学生和家长的认同，获得职业的尊重感。因此，高职院校应该重视专任教师的工作贡献，在教育教学中给予他们更多的支持，增强他们在教育教学事业中的自我实现感。

在高职院校中，不同层次的需求对于专任教师来说都十分重要。这些需求的满足既需要学校对专任教师提供现实可行的保障，也需要学校对教师进行理论上和认知上的引导，充分激发教师内在的需求和动力，发挥自身的价值。因此，高职院校应该提出更优秀和及时的教师管理计划，制定相应的激励和评价机制，并在实际操作中对教师起到重要的支持和推动作用。比如制定明确的岗位职责和工作责任，并建立评价教师教学、研究、创新和专业能力的考核机制。同时，应建立专业发展计划和职业发展目标体系，为教师的自我实现提供必要的支持和服务。

总体而言，高职院校对于专任教师的管理应顺应时代发展，科学合理，让专任教师更好地服务于教育事业的发展，实现自身的价值。针对专任教师的需求，高职院校应最大限度地提供教育资源和支持，帮助专任教师激发潜力，不断提升他们的职业素养和教育水平，使他们在教学和研究中真正实现自我价值，为我国教育的发展做出贡献。

（三）公平理论

高等院校的专任教师和高职院校的专任教师之间存在着薪酬上的差异。如果差异过大不仅会对教师的工作积极性和创造力产生影响，还会导致教育事业的不公平和不平衡发展。因此，如何优化教师薪酬体系以实现教师的公平待遇具有重要意义。在思考如何优化教师薪酬体系之前，需要先了解公平理论的相关内容。公平理论强调利益和职责的分配应该保持公平合理。然而，在现实生活中，实现完全的公平和合理并不容易。教师不仅会将现有报酬或职责与个人投入进行比较，还会将其与他人的投入进行比较，以确定自身的报酬或职责是否公平。如果个人实际报酬与个人投入的感觉相等，教师会感到公平；而如果二者不相等，教师就会感到不公平。

在高职院校中，专任教师的薪酬体系也存在类似的问题。专任教师会通过外部公平和内部公平两个方面来评估自身的薪酬待遇。从外部公平的角度来看，专任教师会与同行业进行比较。在大众眼中，公办院校被视为"铁饭碗"，因为它们由国家财政拨款，薪资待遇高，福利待遇好，社会地位也较高，享受事业单位编制。从内部公平的角度来看，高职称或高学历的专任教师在薪酬方面明显优于低职称教师。这是建立在高职称专任教师贡献明显大于低职称教师的假设前提下的。因此，为了优化教师薪酬体系，我们可以考虑以下措施。

（1）建立科学合理的绩效考核体系。将绩效考核结果作为教师薪酬分配的重要依据，以确保薪酬的公正性。

（2）加强非经济性薪酬的考量。提供更多培训和晋升机会，举办教师活动和表彰优秀教师，以精神上的认可和激励来提高教师的工作动力和创造力。

（3）建立多元化的薪酬体系，包括短期激励和长期激励。如基本工资和绩效奖金等直接的经济报酬，以激励教师关注学校的长远发展和为学校创造更多价值。

（4）关注内部公平和外部公平。既要在学校内部建立公平的薪酬体系，避免因职称或学历等因素造成的不公平，也要与同行业的公办院校进行比较，确保教师在整个教育行业中薪酬的相对公平性。

优化教师薪酬体系是一个复杂的过程，需要综合考虑各方面因素。只有通过建立科学合理的绩效考核体系、加强非经济性薪酬的考量、建立多元化的薪酬体系等措施，才能实现教师的公平待遇，提高教师的工作积极性和创造力，促进学校的发展和进步。

（四）期望理论

期望理论是一种重要的激励理论，在学校管理中具有相当的意义。它通过分析效价和期望值两个方面来评估激励效果，并提出了通过调整效价和期望值来实现更好激励效果的方法。在学校管理中，期望理论可以为专任教师提供相应的激励方案。

专任教师是学校中至关重要的一员，他们为学校发展做出了许多努力，期望得到相应的回报。根据期望理论，如果教师认为自己可以实现某个目标，那么这个目标会对他们产生较大的激励；相反，如果教师认为无法实现，激励效果就会减弱。因此，高职院校管理者可以为教师设定具有相应效价的奖励措施来激励他们。比如根据教师的教学质量和工作表现来设定相应的奖励，让教师感受到自己的努力是有价值的，从而激励他们更加努力地工作。

此外，不同年龄阶段的专任教师对期望的关注点不同。有些教师可能更关注薪资待遇，而其他教师则更关注工作环境和发展机会。因此，高职院校管理者可以针对不同年龄段的教师提供更具弹性的福利措施。比如为年轻教师提供更多的培训机会和晋升空间，让他们有更多成长的机会；对于年长教师，则可以提供更稳定的薪资待遇和福利保障，给予他们更好的工作保障。期望理论对于解决学校管理中的激励问题具有重要的参考价值。通过调整效价和期望值这两个方面，可以为专任教师提供更合理和有效的激励方案，最终促进学校工作的顺利开展。

（五）激励强化理论

激励强化原理是高职院校管理中的一个重要原则，它基于行为科学中的激励理论和人的需求理论。该原理强调对那些遵守高职院校行为准则并做出贡献的人给予相应的奖励和激励，以鼓励他们持续地遵守准则并做出更大的贡献。

激励理论认为，人的行为受到动机和动力的驱动，而这些又源于人的需求。因此，在高职院校管理中，应该针对教师不同的需求采取相应的管理措施，以激发他们的动机和动力，鼓励他们实现组织的目标。

教师的需求通常包括物质需求和心理需求两个方面。在物质需求方面，教师需要能胜任的工作、合理的薪酬和职业安全。在心理需求方面，教师需要被视为高职院校的一员，获得发展空间，得到信任和认可，有公正和有能力的领导，与同事建立良好的关系，等等。为了实施激励强化原理，高职院校应该针对不同层次和不同性格的教师的不同需求，采用多样化和个性化的激励方式[1]。比如对于追求物质回报的教师，可以采用基本工资和绩效奖金等激励手段；对于追求职业发展的教师，可以提供培训和晋升机会等激励方式；对于注重人际关系的教师，可以组织团队活动和聚会，加强教师之间的交流和沟通。此外，高职院校还应该注意到，激励强化原理不仅仅是简单地通过奖励和激励来激发教师的动机和动力，更需要建立在公正和透明的基础上。只有当教师

---

① 罗桂芳.自主创新型企业的人力资本有效激励策略探讨[J].长春大学学报，2011，21（3）：16—18.

认为激励制度是公正和透明的，他们才会对该制度产生信任和认可，从而产生更多的动机和动力。

综上所述，激励强化原理是高职院校管理者必须遵循的重要原则。高职院校应该根据教师的不同需求，采用多样化和个性化的激励方式，激发教师的动机和动力，鼓励他们实现组织的目标。同时，高职院校还应该建立公正和透明的激励制度，使教师对该制度产生信任和认可。

（六）宽带薪酬理论

宽带薪酬理论，又称海氏薪酬制，是由美国薪酬设计专家艾德华·海于 20 世纪 60 年代研究开发出来的一种新型薪酬结构设计方式。相较于传统的等级制薪酬结构，宽带薪酬的设计思路是将原来数量较多的薪酬等级压缩成几个级别，同时将每一个薪酬级别所对应的薪酬浮动范围拉大，形成一种新的薪酬管理系统及操作流程[①]。

在宽带薪酬系统中，薪酬等级、薪酬级差与薪酬浮动幅度的设计非常重要。薪酬等级要根据高职院校所处的行业、内设组织结构、规模等情况而定，大多数高职院校设计一个薪酬等级。薪酬级差即指不同薪酬等级之间相差的幅度，它反映了岗位之间的差别：差距太小，不能体现薪酬分配的激励性原则，会影响教师积极性；差距太大，可能会造成教师的不团结，也可能会使薪酬成本超过高职院校支付能力。

宽带薪酬理论的优势相较于传统的等级制薪酬结构具有以下优势。

1. 精简薪酬结构

传统的等级制薪酬结构存在着等级过多、重复、交叉等问题，

① 佟晓童，方勃，盛继东. 刍议电力系统人力资源管理的效能与创新 [J]. 人力资源管理，2016（6）：2.

导致薪酬结构复杂臃肿。宽带薪酬通过压缩等级数目，使薪酬结构更加简单明了。

2.提高工资灵活性

在宽带薪酬制度中，不同等级的工资浮动较大，可以根据教师的表现进行适当的调整，从而提高了薪酬的灵活性。

3.提高教师的积极性

宽带薪酬制度的灵活性可以更好地激励教师的积极性，增强教师的工作热情和归属感。

4.降低薪酬成本

宽带薪酬制度的设计可以使高职院校在薪酬分配上更加科学合理，避免了薪酬成本过高的问题。

宽带薪酬理论的应用需要注意以下几点。

（1）需要根据高职院校的实际情况进行设计。每个高职院校的组织结构、规模不同，因此需要根据高职院校实际情况进行设计。

（2）需要合理设置薪酬等级、薪酬级差和薪酬浮动幅度。薪酬等级、薪酬级差和薪酬浮动幅度的设置需要合理，才能体现激励性原则，从而提高教师的积极性和工作效率。

（3）需要公正透明地执行宽带薪酬制度。宽带薪酬制度的执行需要公正透明，避免出现薪酬不公等问题，从而维护教师的权益，增强教师的归属感和责任感。

宽带薪酬理论在应用过程中也面临着一些挑战，主要包括：

（1）宽带薪酬制度的设计需要根据高职院校实际情况进行，需要充分考虑高职院校的特点，否则会影响薪酬制度的效果。

（2）宽带薪酬制度的执行需要公正透明，这需要高职院校在人力资源管理方面进行改进和提升。

（3）宽带薪酬制度需要建立完善的薪酬管理机制和考核制度，从而确保薪酬制度的公正性和透明度。

针对以上挑战，高职院校可以采取以下应对措施。

（1）对高职院校的特点进行充分的调研和分析，制定适合高职院校的宽带薪酬制度。

（2）建立完善的人力资源管理机制，加强薪酬管理和考核制度的执行力度。

（3）加强教师的培训和沟通，增强教师的理解和认同，从而提高教师对薪酬制度的接受度和满意度。

第二节　我国高职院校现行薪酬制度模式与发展趋势

一、我国高职院校现行薪酬制度的模式

（一）岗位津贴制度

高职院校收入分配制度是高职院校管理中的重要组成部分，在多年的实践中已经逐渐成熟。目前，高职院校收入分配制度大致存在三种不同的方式或类型，其中岗位津贴制是绝大部分高职院校所普遍采用的方式。岗位津贴制是指根据教师的岗位等级和工作表现，将校内工资划分为不同等级进行发放的制度。教师根据自身的能力和贡献自报岗位等级，并通过竞争上岗。该制度具有以下优点。

首先，岗位津贴制度可以激发教师的工作积极性。教师的岗位津贴与其工作表现直接相关，因此教师会更加努力地工作，争取更高的岗位等级，以获得更高的薪酬。其次，岗位津贴制度可以充分发挥教师的专业特长。不同的岗位等级对应不同的专业技能和工作内容，教师可以根据自己的专业特长选择适合自己的岗

位等级，从而发挥更好的工作能力。最后，岗位津贴制度可以确保教师的收入公平性。岗位等级的设立基于量化指标，教师的薪酬水平公平、透明，可以减少教师的不满和抱怨，提高教师的工作积极性。然而，岗位津贴制度也存在一些缺点：首先，该制度可能加剧教师之间的竞争，影响教师之间的合作和团队精神。其次，该制度的量化指标可能无法完全反映教师的工作质量和水平，导致教师的薪酬水平不够公平。因此，在实施岗位津贴制度时，需要注意：制定科学合理的岗位等级和量化指标；加强教师之间的沟通和协作，避免竞争加剧；完善薪酬分配的程序，确保教师的收入公平性。

岗位津贴制度是高职院校收入分配制度中较为成熟的一种方式，它可以激发教师的工作积极性，充分发挥教师的专业特长，并确保教师的收入公平性。只有在实施过程中注意以上问题，才能更好地发挥其作用。

（二）积分制和年薪制

岗位工资制是我国高职院校目前普遍采用的收入分配方式。该制度根据教师的岗位等级、职称等因素确定薪资水平。然而，不同高职院校的评聘标准不同，导致相同职称的教师在不同高职院校的薪资存在差异。此外，岗位工资制并不能准确反映教师的实际工作量和贡献，可能出现工作量大但薪资水平低的情况。积分制类似企业的计件工资制，用于教师工作量的考核。然而，这种制度在高职院校教师的工作量考核方面不太适用。高职院校教师的工作不仅包括教学，还包括科研、社会服务等方面。而积分制只能考核教学工作量，无法全面反映教师的工作贡献。年薪制是一种较为先进的收入分配方式。它将教师的收入与其工作表现和贡献挂钩，激励教师提高工作质量和水平。然而，由于我国高职院校绝大多数是公办学校，属全额拨款事业单位，教师工资由国家工资、校内津贴与补贴组成，国家工资由人力资源和社会保障部统一制订标准[①]。因此很多高职院校无法完全按照高职院校化运作的模式推行年薪制，只能在个别院系、部门中实行。

基于以上情况，我们应该继续完善岗位津贴制度，同时根据各高职院校实际情况，探索更加科学合理的收入分配方式。首先，应建立科学的考核制度，重视教师的工作质量和水平，激励教师更好地发挥自己的专业特长，提高教学和科研水平。其次，可以考虑将教师的绩效奖金与其工作表现和贡献挂钩，实现正向激励。最后，可以采用多种制度相结合的方式，以期达到更好的收入分配效果。高职院校教师的收入分配方式是一个复杂而重要的问题。我们需要理性看待不同的制度，综合考虑各种因素，建立更加科学合理的收入分配制度，使教师的工作得到更好的激励和回报，从而提高高等教育事业的发展水平。

二、教师在绩效考核指标体系中的重要性

随着当今社会教育和文化的发展进步，绩效考核指标体系的构建十分有必要，《关于深化高职院校教师考核评价制度改革的指导意见》进一步明确了对师德考察的重要性，对科研成果的评价和相关业绩的转化提高了要求，以此促进教师的专业化发展水平。有了政策依据才能更好地实施工作，与大学相关的对教师的绩效考核应该从实际出发。

高职院校绩效考核指标体系的构建必须以人，也就是以教师为主体。要从教师本身出发，不可忽视教师自身的感受和意见等，要多沟通，多多改进。充分展现教师这份工作的性质和内容特色，引领教师全心投入教学工作，尽职尽责，不仅提高自身素质和能力，还要提高教学效率和水平。

---

① 丁萍芳. 高职院校薪酬制度现行模式及改革 [J]. 武汉工程高职院校学报，2013，25（3）：4.

　　大学的发展始终围绕着人才培养、科学研究和社会服务，这是大学的价值核心所在，而这三个主题的主体又是教师，所以在构建绩效考核指标体系时要充分展现大学的核心价值。此外，教师的工作性质又具有特殊性：首先是内容要求高，知识水平较高，需要较多的精力付出；其次是工作性质决定了其工作成果不是立刻见效并收获的，教师培育的学生并不是每一个毕业就能成为社会人才，而是需要一定的时间和阅历去成长和进步；最后科研成果的彰显也不是短期内就能体现的。教师工作性质的独特性决定了绩效考核指标体系的设计应该符合这种独特性的特点，只有这样才能更好的一步一步地促进教学工作的发展，提高科研成果的质量，从而促进高职院校发展。

第三节　我国高职院校教师薪酬管理的现状分析

一、教师薪酬激励体系存在的问题

　　教师薪酬激励体系是指一套由薪酬、绩效考核、职称评定、岗位晋升等构成的激励机制。然而，在实际应用中，教师薪酬激励体系存在一些问题，如薪酬构成不合理、薪酬水平过低、绩效薪酬缺乏公平性、福利设置缺乏弹性等，这些问题不仅会影响教师的工作积极性和创新精神，也会制约教育事业的进一步发展。

　　（一）薪酬构成不合理

　　教师薪酬构成不合理是影响教师薪酬激励体系的主要问题之一。目前，教师薪酬主要由基本工资、津贴、补贴、奖金等构成。但是，这些薪酬构成方式并没有充分考虑到教师的实际工作贡献和职业特点，存在一定的片面性和不合理性。比如有些地区的教师津贴标准过高，导致教师的基本工资较低，这不利于教师的职业发展和职业满意度的提高。因此需要合理制定教师薪酬构成标准，在全面考虑教师工作贡献、职业特点、地区经济水平、职业发展前景等因素的基础上，制定合理的教师薪酬构成标准。如加大教师基本工资的比重。基本工资是教师薪酬的基础，应该加大基本工资的比重，以保证教师的基本生活水平和职业尊严。再如精简津贴和补贴项目。精简过多的津贴和补贴项目，可以避免过分倚重津贴和补贴，以保证教师薪酬的科学合理性。

（二）薪酬水平过低

教师薪酬水平过低是教育领域的普遍问题。这一问题不仅直接影响着教师的工作积极性和创新精神，也制约了教育事业的进一步发展。首先，政府应该加大对教育事业的投入，逐步提高教师的薪酬水平，以吸引更多的人才投身教育事业。其次，政府应该建立完善的薪酬调整机制，根据教师的工作表现和市场需求等因素，适时调整教师的薪酬水平。最后，政府应该加强对教师职业发展的支持，鼓励教师参加各种职业培训和进修，提高教师的职业素质和综合能力。

（三）绩效薪酬缺乏公平性

绩效薪酬是教师薪酬激励体系的重要组成部分，但是绩效薪酬缺乏公平性是教师薪酬激励体系存在的主要问题之一。有些地区的绩效薪酬制度存在着绩效薪酬分配不均的情况，影响了教师的工作积极性和创新精神。对此，政府和教育部门应该建立公正、透明的绩效考核机制，以保证教师的工作表现和贡献得到公正评价和认可。同时，政府和教育部门应该加强对绩效薪酬的监管，严厉打击任何不公正行为，保证绩效薪酬的公平分配。另外，应该建立多元化的绩效考核指标，包括教学质量、科研成果、职业发展等方面，以综合评价教师的工作表现和贡献。

（四）福利设置缺乏弹性

教师福利是教师薪酬激励体系的重要组成部分，但是目前教师福利设置缺乏弹性是教师薪酬激励体系存在的主要问题之一。有些地区的教师福利设置较为固定，缺乏弹性，不能满足教师的个性化需求，影响了教师的工作积极性和创新精神。因此，应该根据教师的个性化需求和实际情况，建立个性化的福利体系，包括弹性工作制度、健康保险、子女教育等。同时，政府和教育部门应该加强福利管理的人性化，关注教师的实际需求和心理健康，提高教师的职业满意度和工作积极性。另外，应该拓展福利渠道，鼓励高职院校和社会组织参与教师福利的提供，以满足教师的多样化需求。

综上所述，教师薪酬激励体系存在的问题比较复杂，需要政府、教育部门、学校和教师共同努力才能得到有效解决。应该在全面考虑教师的实际需求和职业特点的基础上，建立科学合理的教师薪酬激励体系，以促进教育事业的健康发展和教师的职业发展。

二、长期薪酬激励和非经济性薪酬激励不足

高职院校是我国教育体系中的一个重要组成部分，承担着为社会培养各类技能人才的重要任务。然而，在高职院校教师薪酬管理方面，存在着长期薪酬激励和非经济性薪酬激励不足的问题。这种情况不仅影响了高职院校教师的工作积极性和创造性，同时也影响了高职教育的质量和效益。

在高职院校教师薪酬管理中，缺乏长期薪酬激励机制表现为以下几个方面：首先，职称晋升机制还不够完善。在我国的高职

院校中，教师职称一般分为讲师、副教授和教授三个级别。然而，在实际工作中，许多高职院校教师在同一职称级别下工作多年，没有机会晋升到更高的职称级别。这就导致了许多教师的工作积极性和创造性下降，对高职院校教育的发展产生了不利影响。其次，科研成果奖励机制还不够完善。高职院校教师的科研工作是推动高职院校教育发展的重要因素之一，但是在高职院校教师薪酬管理中，科研成果奖励机制并不完善。许多高职院校教师在进行科研工作时，没有得到应有的奖励，这就导致了教师的科研积极性下降，对高职院校教育的发展产生了不利影响。最后，教学成果奖励机制还不够完善。高职院校教师的教学工作是推动高职院校教育发展的重要因素之一，但是在高职院校教师薪酬管理中，教学成果奖励机制并不完善。许多高职院校教师在进行教学工作时，没有得到应有的奖励，这就导致了教师的教学积极性下降，对高职院校教育的发展产生了不利影响。

为解决这些问题，可以采取以下措施：首先，建立健全的职称晋升机制，为教师提供晋升的机会和途径，激发他们的工作动力；其次，完善科研成果奖励机制，通过设立科研项目经费、科研成果评价和奖励制度等，鼓励教师积极从事科研工作；最后，建立教学成果奖励机制，通过评选优秀教师、设立教学奖励和荣誉称号等方式，激励教师在教学方面取得更好的成绩。

在高职院校教师薪酬管理中，缺乏非经济性薪酬激励机制表现为以下几个方面。（1）缺乏荣誉制度；（2）缺乏评优评先机制；（3）缺乏培训机会。为解决这些问题，可以采取以下措施：首先，建立健全的荣誉制度，为教师设立荣誉称号和奖励制度，鼓励他们在教学和科研方面做出突出贡献；其次，建立评优评先机制，通过公平、公正的评估机制，激励教师竞争和提升自身素质；最后，提供丰富多样的培训机会，包括学术交流、专业培训和教育研讨等，帮助教师不断提升自身能力和水平。

第四节 我国高职院校教师薪酬管理的改进分析

一、我国高职院校教师薪酬管理的优化

随着高等教育的普及，高职院校教师队伍越来越庞大，如何保证教师的工作积极性和创造性，提高高职院校的教育质量，成为高职院校所面临的重要问题。而薪酬激励作为一种重要的激励方式，对于提高教师的工作积极性和创造性有着重要的作用。下面将从优化设计原则、优化薪酬定位、优化设计模型三个方面来探讨高职院校教师薪酬激励体系的优化思路。

（一）优化设计原则

高职院校教师薪酬激励体系的优化应该遵循以下原则。

1. 公平性原则：薪酬激励体系应该公平、公正，不偏袒任何一方。教师的工作贡献与薪酬应该相对应，而不是根据职位、等级等因素来进行分配。

2. 激励性原则：薪酬激励体系应该具有激励作用，能够激发教师的工作积极性和创造性，使他们更加努力工作，为学校的发展做出更大的贡献。

3. 可行性原则：薪酬激励体系应该具有可行性，能够被学校所接受和执行。合理的薪酬激励体系需要考虑到学校的财务情况以及教师的实际工作情况。

4. 透明性原则：薪酬激励体系应该透明，教师应该清楚地知道他们的工作贡献与薪酬之间的关系，避免出现不公平的情况。

（二）优化薪酬定位

高职院校教师的薪酬定位应该与其工作贡献相匹配，不能只是按照职位或者学历等因素来进行分配。同时，应该考虑到就业市场的需求和教师的实际生活情况，制定合理的薪酬标准。具体来说，可以从以下几个方面来考虑。

1.教学质量：教师的教学质量是衡量他们工作贡献的重要标准之一，高职院校管理者应该以学生评价、学科竞赛成绩等为依据，制定教学质量评价标准，并根据评价结果来确定教师的薪酬水平。

2.学术研究：教师的学术研究成果也是衡量他们工作贡献的重要标准之一，应该以发表论文、参加学术会议等为依据，制定学术研究评价标准，并根据评价结果来确定教师的薪酬水平。

3.学校贡献：教师的学校贡献也应该被考虑在内，包括参与学校管理、组织活动、招生宣传等方面的工作。高职院校管理者可以根据自己学校的情况制订学校贡献评价标准，并根据评价结果来确定教师的薪酬水平。

（三）优化设计模型

高职院校教师薪酬激励体系的设计模型应该综合考虑教师的经济需求、长期激励和非经济性激励等因素，以达到最好的激励效果。具体来说，可以从以下几个方面来考虑。

1.绩效考核：绩效考核是衡量教师工作贡献的重要手段，可以设置教学、科研、学校贡献等方面的考核指标，根据指标的完成情况来确定教师的薪酬水平。

2.福利弹性：教师的福利待遇也应该得到重视，可以设置灵活的福利弹性，例如提供子女教育、医疗保险等福利，在提高教师生活质量的同时，也能够提高他们的工作积极性和创造性。

3.长期激励：除了短期的绩效考核外，还应该设置长期的激励机制，例如设立"教学名师""学术带头人"等称号，并给予相应的薪酬奖励。这样可以激励教师不断提升自己的教学水平和学术研究能力。

4.非经济性激励：除了经济方面的激励外，还应该注重非经济方面的激励，例如表彰、荣誉、晋升等。这些非经济方面的激励可以激励教师更加努力工作，为学校的发展做出更大的贡献。

综上，高职院校教师薪酬激励体系的优化需要遵循公平性、激励性、可行性和透明性原则，同时要考虑教师的实际情况和市场需求，制定合理的薪酬标准，并综合运用绩效考核、福利弹性、长期激励和非经济性激励等手段，以达到最好的激励效果。

二、完善高职院校教师薪酬管理的对策

（一）完善竞聘机制，推动按绩付酬

在现代教育管理中，"按绩付酬"作为一种新的管理理念，正受到越来越多人的关注和认可。完善竞争聘用机制则是实施按绩付酬制度的重要保证，它以竞争为导向，促进教师的竞争意识、创新和进取精神，激发教师的工作积极性和创造性，可以提高绩效薪酬的实施效果。

竞争聘用机制的重要性不仅在于能够激发教师的工作积极性，还在于能为绩效薪酬激励的落实打下基础。引入竞争机制可以拉开不同岗位和相同岗位教师之间的差距，形成压力和动力，达到优胜劣汰的目的，激发教师的潜能，提升工作状态。只有在完善竞争聘用机制的基础上，才能推动按绩付酬，明确认定和奖励教师的贡献。重要的是，完善竞争聘用机制要建立在科学和公正的基础上，在制定竞争标准时，要考虑教师的业绩和贡献，同时兼顾其个人发展和校方的长远利益。聘用过程应该公开透明，避免

人情和关系的干扰，确保真正优秀的教师能够脱颖而出。

此外，完善竞争聘用机制还可以为学校提供更好的人才储备，促进人事制度创新，提高学校整体管理水平。学校应根据教学、科研、教学管理等不同岗位的需求，构建合理的岗位体系和职业晋升通道，为教师提供展示才华的广阔空间，让他们在各自岗位中施展才能，实现个人的价值和追求。

最后，建立完善竞争聘用机制是一项系统工程，需要各个方面的密切配合和共同努力。学校应加强组织领导，成立专职机构，制定竞聘流程和标准，并尽量明确竞聘条件和考核指标，推行公开、公正、公平的竞聘制度，确保制度的正常顺畅执行。可以说，完善竞争聘用机制是实施按绩付酬制度的必要环节。在新时代的教育管理中，完善竞争聘用机制可以促进教师的自我发展，激发工作激情；而实施绩效薪酬激励则能提高教育质量，提升学校的效益和竞争力，建立一个高素质的教育管理队伍。

（二）多渠道筹措，扩大薪酬总额

目前，多数高职院校都面临着教育经费紧张的挑战，而创收管理是解决这一问题的有效途径之一。为此，各高职院校间需要合作，通过联合培训、人才支持和科研创新等方式提高社会服务水平和科研转化生产力水平，实现双方的共赢。同时，这也可以提升学校的创收水平，拓宽社会实践渠道，提高教育教学和操作实践的水平。然而，创收收入管理同样需要注重有效的管理。首先，需要加强财务成本核算，完善收支审批制度，统筹安排资金使用，以成本管理理念合理运用资金，并提高资金使用效率。其次，需要妥善处理教师福利待遇和学校事业发展之间的关系，实现平衡。因此，在教师薪酬发放方面，需要符合政府的相关规定，即"挣多少钱不等于可以发多少钱"。在实际操作中，不能采取"一刀切"的方式，而应根据不同情况进行分级分类核定。尤其对于专业技术人才聚集的高等院校,绩效薪酬总量应适度增加。如果绩效薪酬总量较少,绩效薪酬正常增长机制不健全,教师会认为绩效薪酬水平无法反映他们的专业价值和实绩贡献,无法满足他们较高层次的需求,同时公平感也会受到影响,与他们的期望产生落差。长此以往,这将对教师的积极性和进取心产生伤害,也不利于人才的稳定和培养。因此,高职院校需要注重创收管理,提高社会服务水平和科研转化生产力水平,并平衡教师的绩效薪酬和学校的创收水平。有效的创收管理将有助于提高学校的资金使用效率和管理水平,为学校的发展带来更多机遇和挑战。

(三)完善绩效考核,薪酬体系挂钩

建立科学合理的绩效考核并使之与薪酬体系挂钩,已经成为高职院校管理者和教师们共同关注的问题。下面将探讨完善绩效考核,以及其与薪酬体系挂钩的重要性,并提出相关建议。

1. 完善绩效考核体系

绩效考核是评价教师工作业绩和工作成效的一种客观、公正的评价方式。它是衡量教师工作表现的重要标准。因此,建立科学合理的绩效考核体系是非常必要的。绩效考核体系应针对教师的实际工作情况,结合高职院校的发展目标和需求制定明确考核标准和流程,以确保考核结果的准确性和公正性。

首先,需要明确绩效考核的目的和意义。绩效考核不是为了惩罚教师,而是为了激励教师、发现问题并改进工作,提高绩效。因此,绩效考核应注重教师的发展和成长,帮助教师提升自身的专业技能和教学水平。其次,要注重考核方法和手段的多样性。绩效考核应采用多种方法和手段,包括教学评估、科研成果、社会服务、管理能力等多个方面,全面反映教师的绩效情况,避免因过于偏重某个方面而忽略其他方面的绩效。最后,要确保考核结果的公正性和准确性。绩效考核需要依靠公正的评委团队和评分标准，评估过程中须保护教师的权益，避免出现不公正的情况。

2.绩效考核与薪酬体系挂钩

绩效考核和薪酬体系是相辅相成的，因此绩效考核的结果必定与薪酬体系挂钩，即教师的薪酬与其绩效成正比。这样可以激励教师积极工作，提高工作质量和效率，进一步推动高职院校事业的发展。

首先，需要建立科学合理的薪酬体系。薪酬体系应根据高职院校的实际情况和需求，考虑教师的基本工资、绩效奖金、津贴等多个方面，使教师的薪酬体系更加完善和合理。其次，要明确绩效考核与薪酬体系的挂钩方式。挂钩方式应当公开透明、公正合理，以确保教师的权益受到保护。同时，应制订不同级别、不同岗位、不同职业的教师的绩效考核标准，确保绩效考核结果的公正性和准确性。最后，要加强宣传和培训。高职院校管理者应加强对教师的宣传和培训，让教师了解绩效考核和薪酬体系的相关政策和制度，增强其绩效意识，提高其工作积极性和效率。

完善绩效考核，使之与薪酬体系挂钩是高职院校管理者和教师共同关注的问题，也是高职院校教育事业发展的重要保障。为了建立科学合理的绩效考核，并使之与薪酬体系挂钩，我们需要注重绩效考核体系的完善和薪酬体系的建立，明确挂钩方式和标准，加强宣传和培训，进一步激励教师积极工作，提高教育事业的发展水平。

三、高职院校教师薪酬激励体系优化内容与具体措施

建立一个科学合理的薪酬激励体系对于高职院校的发展至关重要。下面将从改进薪酬构成、提高薪酬水平、突出绩效薪酬的公平性、增强福利弹性、丰富长期薪酬激励与非经济性薪酬的激励、优化的薪酬体系实施效果预评价六个方面来探讨高职院校教师薪酬激励体系的优化内容与具体措施。

（一）改进薪酬构成

薪酬构成是薪酬体系的核心，直接关系到教师的收入和激励效果。当前，高职院校教师薪酬构成存在着一些问题，例如基本工资占比过高、绩效工资占比过低、津贴补贴太少等等。因此，高职院校应该改进薪酬构成，使之更加科学合理。

应该适当降低基本工资的占比，提高绩效工资的占比。基本工资是教师的固定收入，但是没有激励作用，容易使教师变得懒散和不积极。因此，高职院校应该通过适当降低基本工资的占比，提高绩效工资的占比，来激发教师的工作积极性和创造性。应该增加津贴补贴的种类和数量。津贴补贴是教师的额外收入，可以激励其更加努力地工作。因此，高职院校应该增加津贴补贴的种类和数量，例如住房补贴、交通补贴、餐补、通信补贴等等，以此提高教师的收入和激励效果。

（二）提高薪酬水平

薪酬水平是教师关注的重点之一，直接关系到教师对工作的满意度和归属感。然而，目前高职院校教师的薪酬水平偏低，难以满足教师的需求。因此，高职院校应该采取措施，提高教师的薪酬水平。应该加大经费投入，提高教师的基本工资水平。基本工资是教师的保障性收入，对于教师的生活和工作都有着重要的作用。因此，高职院校应该加大经费投入，提高教师的基本工资水平，以此保障教师的基本生活和工作需求。应该通过绩效考核来提高教师的绩效工资水平。绩效工资是教师的激励性收入，与教师的工作绩效直接相关。因此，高职院校应该通过绩效考核来提高教师的绩效工资水平，对于表现优秀的教师给予更高的绩效奖励，以此激励教师更加努力地工作。

（三）突出绩效薪酬的公平性

绩效薪酬是教师的激励性收入，对于教师的工作积极性和创造性起到了重要的作用。然而，目前高职院校教师绩效薪酬的公平性存在一些问题，例如评定标准不明确、评定程序不公开等等。因此，高职院校应该突出绩效薪酬的公平性，使教师的绩效薪酬更加透明、合理。应该明确绩效评定标准，确保绩效评定的公正性。高职院校应该建立科学合理的绩效评定标准，明确各项指标的权重和评分标准，并在评定过程中透明、公开，确保评定的公正性和客观性。应该建立绩效薪酬申诉机制，保障教师的权益。如果教师对自己的绩效评定结果有异议，应该建立相应的申诉机制，让教师有权利和途径来申诉自己的绩效评定结果，以此保障教师的权益。

（四）增强福利弹性

教师的福利待遇是教师关注的重点之一，对于教师的生活和工作都有着决定性的影响。然而，目前高职院校教师福利待遇存在着一定的问题，例如福利待遇不灵活、选择性不足等等。因此，高职院校应该增强福利待遇的弹性，满足教师不同的需求。高职院校应该根据教师的不同需求，提供多样化的福利待遇，例如购房补贴、子女教育补贴、医疗保险等等；应该提高福利待遇的灵活性，让教师能够根据自己的需求和情况自主选择福利待遇，以此提高教师的满意度和归属感。

（五）丰富长期薪酬激励与非经济性薪酬的激励

长期薪酬激励和非经济性薪酬激励是教师激励体系中的重要组成部分，对于提高教师的工作积极性和创造性起到了重要的作用。然而，目前高职院校教师长期薪酬激励和非经济性薪酬激励存在着一些问题，例如缺乏有效的长期激励措施、非经济性激励方式单一等等。因此，高职院校应该建立长期激励机制，激励教师持续发挥优秀的工作表现。例如设立教授岗位、优秀教师评选、学术带头人等，提高教师的工作积极性和创造性。此外，高职院校应该采用多种非经济性激励方式，例如表彰、荣誉、职称评定等等，以此增加教师的满意度和归属感。

（六）优化的薪酬体系实施效果预评价

优化的薪酬体系实施效果是高职院校教师薪酬激励体系优化的重要评价指标。通过对实施效果的预评价，可以及时发现和解决问题，进一步提高教师薪酬激励体系的科学性和有效性。高职院校应该建立完善的实施效果评价体系，包括定期收集和分析数据、对评价结果进行综合分析和判断等等，对薪酬激励体系的实施效果进行科学评估，及时发现问题并采取有效措施加以解决。高职院校应该注重对实施效果评价结果的反馈和应用，及时向教师和管理层进行通报和解释，采取措施加以改进和完善，以此提高教师的满意度和工作积极性。总之，高职院校教师薪酬激励体系优化需要多方面的措施和方法。通过建立科学合理的薪酬体系，加强绩效考核和激励，增强福利弹性，丰富长期激励和非经济性激励方式，以及实施效果预评价等措施，可以提高教师的工作积极性和创造性，促进高职院校的发展。

四、高职院校薪酬管理体系建立的保障措施

高职院校教师是高职教育事业的重要组成部分，他们的教学质量和教学效果直接关系到高职教育的质量和水平。因此，建立一个科学合理的薪酬激励体系对于高职院校的发展至关重要，而这个体系的建立需要以下几个方面的保障。

（一）组织保障

为了优化薪酬激励体系，高职院校必须建立一个科学合理的组织机构体系，设立专门负责制定和执行薪酬激励政策的部门。这个部门需要拥有一支由专业人才组成的团队，他们具备较强的薪酬激励政策制定和执行能力。同时，这个部门还需要与高职院校的其他部门进行密切的沟通和协作，确保薪酬激励政策的顺畅实施。

这个部门的职责包括但不限于以下几个方面：首先，根据高职院校的发展需求和目标，结合教师的工作职责和贡献，制定合理的薪酬激励标准和机制。其次，负责薪酬激励政策的执行，确保激励措施的有效落地和实施。这包括薪酬计算、绩效评估、奖励发放等方面的工作。最后，这个部门还要不断监测和评估薪酬激励政策的效果，及时调整和改进政策措施，以确保薪酬激励体系的持续有效性。

（二）制度保障

为了优化薪酬激励体系，高职院校需要建立一套完善的制度保障体系。

1. 高职院校应该建立一套科学合理的薪酬激励政策

这意味着需要明确教师的薪酬激励标准和评价体系，确保教师的工作贡献得到公平、合理的回报。薪酬激励政策应该考虑到教师的教学质量、科研成果、专业发展等方面的综合表现，以确保教师在不同领域和职责上的努力和贡献能够得到相应的激励。

2. 建立公正、透明的评价机制是制度保障的关键

评价机制应该确保教师的评价结果公正、透明，并且对教师进行全面、多维度的评估。可以通过采用多种评价方法和工具，包括教学观察、学生评价、同行评议、科研成果评估等，以确保评价结果的准确性和可靠性。同时，评价过程应该公开、透明，

让教师了解评价标准和流程，并有机会提出申诉和反馈意见。

3. 建立有效的激励机制是制度保障的重要组成部分

对表现优异的教师进行奖励和激励措施，比如给予薪酬提升、职称晋升、荣誉称号等，以激励他们持续提高教学和科研水平。对表现不佳的教师，应该采取相应的惩罚措施或提供辅导支持，以促使其改进工作，提升绩效。

通过建立完善的制度保障体系，高职院校能够确保薪酬激励体系的公正性、透明性和有效性。这将为教师提供清晰的工作目标和激励机制，激发他们的工作热情，提高教学和科研质量，进一步推动高职院校的发展。

（三）财力保障

要优化薪酬激励体系，高职院校必须有足够的财力作保障。这意味着在制定薪酬激励政策之前，高职院校需要进行充分的财务规划和预算，确保薪酬激励政策的实施不会对学校的财务状况造成负面影响。

高职院校对自身的财力状况进行全面评估，了解学校的收入来源和支出情况，这有助于确定可用于薪酬激励的财政资源，并制订相应的预算计划。在制定薪酬激励政策时，学校需要确保财政支出的持续，不会对学校的日常运营和其他重要项目产生不利影响。高职院校可以通过多种途径增加收入，以增强财力保障。比如开展社会化服务项目，与其他高职院校合作开展研究和技术转移，参与科技项目等。这些活动有助于增加学校的财政收入，为薪酬激励体系提供必要的资金支持。此外，高职院校还可以探索其他筹资方式，如开展校友捐赠计划、申请科研项目资助、开展职业培训等。通过多元化的筹资渠道，学校能够获得更多的财政资源，为薪酬激励体系提供可持续的财力保障。

在实施薪酬激励政策的过程中，高职院校应该密切监控自身的财务状况，及时调整预算计划，确保财力的合理分配和使用。同时，学校还可以通过有效的成本控制和资源优化来提高财务效益，为薪酬激励体系提供更稳定的财力支持。

（四）文化保障

高职院校要优化薪酬激励体系，必须重视文化保障的重要性。在构建良好的文化保障方面，高职院校需要从人才引进、培养和管理等方面着手，以营造积极向上的教学和科研氛围，激发教师的创新意识和工作热情。

高职院校应注重文化建设，培养一种积极向上、团结协作的教师文化。这需要学校树立崇高的教育理念和价值观，强调教师的教育使命和社会责任，倡导教师之间的相互尊重和支持。同时，高职院校还应鼓励教师积极参与学术交流和专业发展活动，提供平台和机会，激发教师的学习热情，提升专业素养。

高职院校应重视教师的职业发展和成长。学校可以为教师提供各种学习和进修机会，例如参加学术会议、研讨班、培训课程等，帮助教师不断提升自身的专业素养和能力水平。此外，高职院校还应鼓励教师积极参与科研项目和教学改革，提供支持和资源，提高教师在学术研究和教育教学方面的成就。

文化保障还需要高职院校注重教师的参与和决策。学校可以建立教师参与管理的机制，例如设立教师代表机构或教师委员会，让教师参与薪酬激励政策的制定和执行过程，确保教师的权益得到充分保障。通过注重文化建设、教师职业发展和参与决策等措施，高职院校可以营造一种积极向上、充满活力的文化。这样的文化保障将进一步增强教师的工作积极性和满意度，有助于顺利实施薪酬激励政策，提高高职院校的教育质量和学术水平。

五、高职院校薪酬管理体系建立的政策支持

高职院校作为培养高素质技术人才的重要基地，其薪酬管理体系在促进教职工发展、激励教育教学改革和提高整体教育质量等方面扮演着重要角色。当前，高职院校薪酬管理存在的一系列问题，如薪资水平不公、激励方式单一、业绩考核缺少科学性等，需要得到政策支持和措施的规范化。下面将从政策支持、岗位津贴、业绩评价体系、激励与和谐的关系等方面提出建议，为高职院校的薪酬管理体系建设提供借鉴。

（一）国家有关主管部门应加强宏观调控

高职院校作为国家教育体系的重要组成部分，其薪酬管理体系也应有相应的宏观调控政策。首先，有关主管部门需研究制定针对高职教师薪酬的管理政策，提高他们的薪资待遇，增加其收入；其次，限制校外兼职、削减超标工作量，打击违规兼职、违规加班等行为，规范工作时间与收入分布的关系。这些政策可以在一定程度上增强教师对教育的投入，提高他们的工作积极性和工作激情，进而提高劳动生产率和教育教学质量。

（二）政府应加大对岗位津贴的支持力度

随着市场经济的发展，工资中的岗位津贴和绩效奖金等已成为教师收入的重要组成部分，政府应加大对岗位津贴的支持力度。政策制定者应根据岗位性质和绩效考核结果制定相应的岗位津贴标准，将其作为一种激励手段，引导教育工作者更加注重教学质量，提高工作效率。同时，政府还可以出台知识产权、技能和专业能力等方面的专项津贴，鼓励相关从业者积极学习进修、实施创新教学方法等。

（三）高职院校业绩评价体系需要进一步科学化

对于高职院校而言，科学的业绩评价体系是建设和完善薪酬管理体系的基础。国家应出台相应政策，逐步建立完善的教育教学、科学研究、社会服务三位一体的绩效考核标准，以确保业绩评价的科学性和公平性。在制定评价标准的过程中，应根据不同类型和层级的高职院校，制定系统、切实可行的评价标准①。政府应该对高职院校教师的教学业绩评价、科学研究业绩评价和社会服务业绩评价建立统一的数据标准，以确保前期工作在后期的数据比较和解读上互通有无。从而避免教育行政部门和学校之间工作的重叠和浪费。

（四）正确处理激励与和谐之间的关系

高职院校教职人员的激励问题，并非只是工资问题，更需处理好激励与和谐之间的关系。对于高职院校教师来说，和谐的工作环境比金钱更为重要。激励和和谐是相互促进的，激励可以促进教师为教育教学工作献身，形成教育生态的良性循环；和谐的工作环境和氛围，也有助于减轻教育工作者的工作压力，降低工作冲突的频率，提高教育教学效率。因此，我们在制定和调整薪酬管理政策时，一方面需要保持合理水准，提高教师心理预期，另一方面也要注意激励策略与制度的完善。

综上所述，在进行高职院校薪酬管理体系建设时必须得到政策的支持保障，并对实际情况进行相应的制度创新与改革。只有这样才能保持教育教学的持续稳定发展，培养高素质的职业技能人才，快速推进各项技术工程的发展。

---

① 刘玉. 对高职院校收入分配制度基本模式的探析 [J]. 中外高职院校家，2013，（2）：2.

第七章　高职院校教师绩效管理的创新研究

第一节　我国高职院校教师绩效管理机制的创新

一、教师绩效管理理念的创新

教师绩效管理是保证高职院校教学质量和提高学校声誉的重要手段。而要实现绩效管理的有效运用，必须先树立正确的绩效管理理念。下面将从明确绩效管理的最终目的、持续的绩效改进、沟通与教师参与三个方面，阐述教师绩效管理理念创新的必要性。

（一）明确绩效管理的最终目的是什么

教师绩效管理的最终目的是提高教学质量和学校声誉。教师是高职院校教学的主体，教学质量的高低直接影响着学校声誉和办学质量。因此，教师绩效管理的最终目的是提高教师的教学能力和教学水平，促进学生的学业成绩和全面发展。为实现这一目的，需要从教学质量、教学反馈、教学评估等多个方面对教师的教学工作进行评估。只要评估结果能够真实反映教师的教学水平和能力，才能促进教师的教学能力和教学水平的提高。

（二）持续的绩效改进是绩效管理的生命源泉

绩效改进是绩效管理的生命源泉。只有持续的改进才能不断提高绩效管理的效率和质量。教师绩效管理的改进需要从多个方面入手。首先，要改进评估方法，使其更加科学和客观。其次，要改进评估标准，使其更加符合教学实际和学生需求。最后，还需要加强教师培训和教学研究，提高教师的教学水平和能力。

（三）沟通与教师参与是绩效管理的重要环节

沟通与教师参与是教师绩效管理的重要环节。只有实现了教师参与和沟通，才能更好地促进教师工作的积极性和主动性。教师绩效管理的沟通与教师参与可以从以下几个方面进行具体实施。首先，校方应该加强与教师的沟通，及时反馈评估结果和改进意见。其次，要建立教师参与绩效管理的机制，让教师能够参与到绩效管理的各个环节中。最后，还需要加强教师之间的交流与合作，促进教学经验和教学资源的共享。

教师绩效管理的理念创新是保证教学质量和提高学校声誉的重要手段。要实现教师绩效管理的有效运用，必须树立正确的绩效管理理念。只有这样，才能促进教师教学能力和教学水平的提高，保证高职院校教学质量和办学水平的持续提升。

二、高职院校教师绩效考核指标体系的创新

教师绩效管理是高职院校保证教学质量和提高学校声誉的重要手段。而教师绩效考核指标体系是教师绩效管理的核心。因此，教师绩效考核指标体系的创新对于促进高职院校教学质量和办学水平的持续提升具有重要意义。

（一）原有教师绩效考核指标体系的不足

高职院校原有的教师绩效考核指标体系基本合理，但存在以下几个方面的不足。

1. 很多指标规定得不够清晰，导致考核时打分随意。

2. 绩效信息的收集不太方便，也不及时，难以反映教师的实际工作情况。

3. 指标体系缺乏针对招生工作和就业工作的考核内容。

以上问题都导致了教师绩效考核的效果不佳，无法真实反映教师的教学水平和能力，也无法促进教师教学能力和教学水平的提高。

（二）创新教师绩效考核指标体系

为了解决现有教师绩效考核指标体系存在的问题，需要进行创新。具体而言，应该从以下四个方面入手。

首先，增加招生工作和就业工作的考核内容。高职院校的教师不仅要进行教学工作，还要参与招生工作和就业工作。因此，在教师绩效考核指标体系中应该增加招生工作和就业工作的考核内容。

（1）招生工作：招生人数、招生质量、招生宣传等。

（2）就业工作：毕业生就业率、毕业生就业质量、就业服务等。

其次，改变考核指标的权重与标准。教师绩效考核指标体系中各项指标的权重和标准应该经过科学合理的设计。具体而言，可以从以下角度进行改变。

（1）权重：根据不同的教学岗位和教学任务，合理分配各项指标的权重，让考核更加公正合理。

（2）标准：制定更加科学合理的考核标准，让考核结果能够真实反映教师的教学水平和能力。

再次，增加口碑对个人考核的影响。教师绩效考核指标体系中应该加入口碑对个人考核的影响。具体而言，可以从以下角度进行考虑。

（1）口碑指数：根据学生和家长的评价，制定口碑指数作为教师绩效考核的一个重要指标。

（2）教学奖项：根据教师的教学质量和教学成果，颁发教学奖项，让教师更加积极地投入到教学工作中。

最后，通过对高职院校教师绩效考核指标体系的创新，可以更加科学合理地评价教师的教学水平和能力，促进教师的教学能力和教学水平的提高，推动高职院校教学质量和办学水平的持续提升。

三、教师绩效管理结果的反馈创新

教师绩效考核的目的是评估教师的专业能力和教学质量，以便提供合理的鼓励和规范化管理。高职院校管理者应具备良好的绩效反馈能力，并能根据教师的表现制定不同的反馈方式和对策。在高职院校中，教研室主任是最基层的院校管理者，也是与教师直接进行绩效反馈的第一人。如果与教师无法良好沟通，各系主任也承担着绩效管理的直接责任。绩效反馈面谈的目的是达成双方一致的观点，讨论教师的工作表现、优点和改进之处，并提出相应的措施。对于不同绩效的教师，院校管理者在反馈面谈时应进行差异化处理。

对于绩效较好的教师，应鼓励其进取心，并为其制订个人发展计划。此外，应提供更多培训机会，进一步提高其水平。对于绩效较差的教师，应找出原因，针对不同情况采取相应措施，如培训、任务调整或重点引导。需要注意的是，要找到真正的原因，不要轻易归咎于教师的过错。对于年龄大、工龄长的教师，要特别慎重对待。教师是注重资历的职业，因此，需要特别尊重他们，并肯定他们过去的贡献和对年轻教师的培养。要耐心地给予建议，帮助他们改善绩效，以适应现代教育需求。

在教师绩效考核过程中，还需注意：注重量化考核，根据学校的指标进行量化，更易比较不同教师之间的差异，从而激励教师争取更好的绩效，提升教学质量；强调教育教学质量，学生的学习成绩和教学质量是评价教师绩效的重要参考标准；采用多元化的绩效评价机制，结合多种考核方法，避免过于依赖单一评价标准，使考核结果更科学公正。

教师绩效考核与管理是一个复杂的问题。只有通过加强反馈，进行科学充分的绩效管理，才能提高教学质量，实现对高素质教学人才的培养。

在对教师绩效结果进行反馈时，考核者需要遵循以下原则。

1.建立并维护彼此的信赖，营造可适合面谈的气氛

教师绩效反馈是一项敏感的任务。考核者需要建立与教师之间的信任，营造一种能够让教师感觉舒适的面谈氛围。只有这样，教师才会更加愿意表达对于绩效结果的看法和意见。

2.明确表明面谈的目的

在面谈之前，考核者需要清楚地说明面谈的目的，让教师能够了解自己的绩效结果，并且知道如何改进自己的教学能力和水平。

3.鼓励教师说话

在面谈中，考核者需要鼓励教师说话，让他们表达对于绩效结果的看法和意见。只有这样，考核者才能更加真实地了解教师的实际工作情况。

4.倾听而不打断

在面谈中，考核者需要聆听教师的发言，不要打断他们的思路。只有这样，才能让教师感觉到自己的发言得到了充分的尊重。

5.避免对立与冲突

在面谈中，考核者需要避免对立与冲突。只有这样，才能保

证面谈的顺利进行，让教师在一个良好的氛围中表达自己的看法和意见。

6. 集中在绩效，而不在个性性格

在面谈中，考核者需要集中在教师的绩效上，而不是教师的个性和性格。只有这样，才能保证面谈的客观和公正。

7. 集中于未来而非以往

在面谈中，考核者需要集中于未来而非以往。只有这样，才能让教师更加关注自己的教学能力和水平的提高。

8. 优点与缺点位置并重

在面谈中，考核者需要把教师的优点和缺点位置并重。只有这样，才能让教师更加全面地了解自己的教学能力和水平。

9. 该结束时立刻停止

在面谈结束时，考核者需要立刻停止。只有这样，才能保证面谈的顺利进行，并让教师感觉到自己的发言得到了充分的尊重。

10. 以积极的态度结束面谈

在面谈结束时，考核者需要以积极的态度结束面谈。只有这样，才能让教师感觉到自己的发言得到了充分的尊重，并且能够更加积极地投入教学工作中。

四、教师绩效考核结果的运用创新

教师绩效考核结果的应用是教师绩效管理的核心之一，它不仅关系到教师个人的发展，也关系到学校的发展壮大。下面将从工资与奖金、聘用等级提升、评优评先三个方面入手，探讨如何改善对教师绩效考核结果的运用，提高绩效管理的效果。

（一）工资与奖金

在高职院校中，教师的工资和奖金直接与其绩效考核结果相关。然而，在实际应用中，由于教师绩效考核结果的评定方式和标准存在主观性，可能导致教师之间在工资和奖金方面存在不公平的情况。为了改善对教师绩效考核结果的运用，可以采取以下措施。

1. 完善评定标准和方法

在教师绩效考核中，评定标准和方法的完善是确保公正性的关键。可以通过多方面的途径，如教学效果、科研成果、教师评估等来评定教师的绩效水平。同时，要重视评估的客观性和科学性，避免主观性的影响，从而确保评定标准和方法能够全面、公正地反映教师的实际表现。

2. 引入多元化的评估方式

教师绩效考核的评估方式可以采取多元化的方法，如进行评估、学生评估、自我评估等。通过引入多元化的评估方式，可以有效提高评估的客观性和科学性，避免评估结果受到单一评价因素的影响。多元化评估方式能够综合考虑教师的教学效果、教育影响力和学生满意度等方面的表现，更全面地评价教师的工作表现。

3. 建立监管机制

监管机制可以对教师绩效考核结果的评定过程进行监督。制定相应的规章制度，对评估标准、评估方法、评估结果等进行监督和管理，可以确保评估结果的公正性和客观性。监管机制可以包括独立的评估委员会或专家组织负责监督评估过程，对评估结果进行审查和确认；还可以建立申诉机制，让教师有途径提出异议并得到公正处理。

通过完善评定标准和方法、引入多元化的评估方式以及建立监管机制，可以提高教师绩效考核结果的公正性和客观性。这样，可以更好地激励教师的学习热情和教学质量，同时增强教师队伍的凝聚力和积极性。重视绩效考核的公正性和科学性，有助于构建一个公平、激励的教师激励机制，进一步提高高职院校的教育质量和教学水平[①]。

（二）聘用等级提升

教师聘用等级是教师绩效考核结果的又一应用方面，也是教师个人职业生涯发展的重要指标。在聘用等级提升的应用方面可以采取以下措施。

1. 建立明确的聘用等级提升标准

制定明确的聘用等级提升标准，对教师的任职资格、教学效果、科研成果、教师评估等进行综合评估，确保评估结果的公正性和客观性。标准应该明确具体，包括量化指标和评价方法，为教师提供明确的发展目标和路径。

2. 加快聘用等级提升速度

针对目前聘用等级提升速度缓慢的问题，可以采取加快聘用等级提升速度的措施。通过制定相应的政策和规定，简化评定流程，提高评估效率，加快聘用等级的提升速度，为教师的个人职业发展提供更多机会和动力。

3. 加强聘用等级提升的管理

加强聘用等级提升的管理，即对聘用等级提升的评估过程进行监督和管理，确保评估结果的公正性和客观性。应建立评估委员会或专家组织，负责评估过程的监督和审核，同时建立申诉机制，让教师有途径提出异议并得到公正处理。

4. 加强对聘用等级提升的宣传和推广

提高教师对聘用等级提升的认知度，可让教师了解聘用等级提升的重要性和意义，以及提升聘用等级带来的福利和发展机会。为此，管理者可以为教师提供培训和指导，帮助教师提升自身的专业能力，以满足聘用等级提升的要求。

---

① 熊磊. 探讨高职院校就业信息管理系统的设计与应用 [J]. 知识文库，2018，（16）：147.

（三）评优评先

评优评先是教师绩效考核结果的又一应用方面，是对于教师绩效考核结果的肯定和激励。首先，应建立明确的评优评先标准。建立明确的评优评先标准，对于教师的教学效果、科研成果、教师评估、社会贡献等进行评估，确保评估结果的公正性和客观性。其次，规范评优评先程序。对评优评先的流程、程序、时间等进行规范化，可以确保评优评先的公正和客观。最后，加强对于评优评先的宣传和推广。加强对于评优评先的宣传和推广，旨在让教师了解评优评先的重要性和意义，激发教师的积极性和创造性，推动教师的绩效管理和职业发展。

第二节　高职院校教师绩效管理体系的优化设计

绩效管理是现代管理中的一项重要工作，对于高职院校来说，绩效管理更是关乎整个学校的发展和成长。因此，如何建立科学有效的绩效管理体系，成为高职院校管理者必须面对的重要问题。

一、绩效管理体系的设计原则

（一）规范引导原则

规范引导原则是指建立科学的绩效管理制度，明确各级岗位职责，规范绩效管理流程，确保绩效管理的公平公正，提高绩效管理的效率和效果。

（二）客观公正原则

客观公正原则是指绩效管理要注重客观评价，避免主观评价和人情评价，确保评价结果公正客观。高职院校应该通过建立科学的绩效考核指标和评价体系，采用多种评价方法，避免单一指标和单一评价方法，确保评价结果客观公正。

（三）激励原则

高职院校应该通过建立科学的激励机制，采用多种激励方式，包括物质激励和非物质激励，激发教师的工作积极性和创造性。

（四）可操作原则

可操作原则是指绩效管理的流程和方法易于操作，便于教师理解和掌握。高职院校应该通过建立简洁明了的绩效管理流程和方法，注重教师的参与和反馈，确保绩效管理的可操作性。

二、高职院校绩效管理体系的优化设计

（一）规范引导原则的应用

高职院校应该建立科学的绩效管理制度，明确各级岗位职责，规范绩效管理流程。首先，要建立绩效管理工作领导小组，明确绩效管理的目标和要求，制定绩效管理规章制度。其次，要明确各级岗位的职责和任务，建立绩效管理流程，包括绩效考核、绩效评价、绩效反馈等环节。最后，要确保绩效管理的公平公正，建立申诉机制和纠错机制，及时处理各种纠纷和问题。

（二）客观公正原则的应用

高职院校应该建立科学的绩效考核指标和评价体系，避免主观评价和人情评价。首先，要明确绩效考核的目标和标准，制定科学合理的绩效考核指标。其次，要采用多种评价方法，包括自评、互评、上级评等多种评价方式，避免单一指标和单一评价方法。最后，要确保评价结果客观公正，建立评价监督机制，及时

纠正评价中的偏差和错误。

（三）激励原则的应用

高职院校应该采用多种激励方式，激发教师的工作积极性和创造性。首先，要建立科学的激励机制，包括物质激励和非物质激励。其次，要根据教师的工作表现和贡献，制订相应的奖励和晋升计划，激发教师的工作积极性和创造性。最后，要建立激励反馈机制，让教师感受到激励的实际效果，进一步激发教师的工作热情和创造力。

（四）可操作原则的应用

高职院校应该建立简洁明了的绩效管理流程和方法，注重教师的参与和反馈。首先，要建立简单易行的绩效管理流程，让教师易于理解和掌握，避免复杂烦琐的绩效管理程序。其次，要注重教师的参与和反馈，让教师参与到绩效管理的过程中，及时反馈意见和建议，不断改进和完善绩效管理体系。最后，要建立绩效管理培训机制，增强教师的绩效管理意识和能力，进一步提高绩效管理的效率和效果。

高职院校绩效管理体系的优化设计是一项复杂而重要的工作，需要考虑多方面的因素和原则。通过规范引导、客观公正、激励和可操作原则的应用，可以建立科学有效的绩效管理体系，提高高职院校的绩效管理效率和效果，促进学校的稳定发展和持续进步。

三、高职院校优化绩效管理体系的设计思路

（一）优化组织结构，提高工作效率

高职院校作为一种独立的教育形态，在组织结构上需要采用更加灵活、开放的管理模式，以适应教育教学的特点和需求。

1.建立多层次的管理机构，以实现教学管理、行政管理和服务管理的分工和协同。

2.建立职能清晰、职责明确的工作流程和工作制度，以提高工作效率和工作质量。

3.采用信息化手段，加强对学校各项工作的监管和管理，以提高管理效率和管理水平。

（二）根据院校的战略目标，设计绩效管理的主要内容

具体可以从以下几个方面进行设计。

1.塑造院校形象，加大宣传力度

（1）建立专业化的宣传团队，加强对学校特色和品牌的宣传和推广。

（2）加强对社会各界的沟通和交流，以提高学校的社会认知度和影响力。

（3）建立科学有效的宣传评价机制，以评估宣传成效和效果。

2.加强专业建设，提高教学质量

（1）加强教师培训和发展，提高教师的教学能力和素质。

（2）建立科学有效的教学评价机制，以评估教学质量和效果。

（3）注重教学资源的配置和管理，以提高教学效率和教学质量。

3.加强校企合作，提高就业率

（1）建立稳定的校企合作关系，以提高学生的就业机会和就业竞争力。

（2）加强对校企合作的管理和监督，确保校企合作的质量和效果。

（3）加强对学生就业的指导和服务，提高学生的就业能力和竞争力。

4.加强科研创新，提高学校学术水平

（1）建立科学有效的科研管理机制，规范科研活动的开展和

管理。

（2）加强对科研人员的培训和发展，提高科研能力和水平。

（3）鼓励科研成果的转化和应用，促进学术成果的转化和推广。

四、高职院校优化绩效管理体系的具体做法

（一）建立科学有效的绩效评价体系

1.明确绩效评价的目标和标准，建立科学有效的评价指标体系。

2.采用多种评价方式，如自评、上级评价、同事评价等，以提高评价的客观性和准确性。

3.建立绩效评价的反馈机制，及时反馈评价结果和建议，以促进教师的改进和发展。

（二）加强教师培训和发展

1.建立科学有效的培训计划和课程体系，以提高教师的专业能力和素质。

2.注重教师个性化的培训和发展，为教师提供多样化的培训和发展机会，以激发教师的积极性和创造力。

3.建立教师培训和发展的评价机制，以评估培训效果和成效。

（三）建立激励机制，提高教师积极性和创造力

1.建立薪酬激励机制，以激发教师的工作热情和动力。

2.建立晋升激励机制，为教师提供晋升机会和发展空间。

3.建立培训激励机制，为教师提供培训和发展机会。

4.注重教师的个性化激励方案，以提高激励效果。

（四）加强信息化建设，提高管理效率和水平

1.建立科学有效的信息管理系统，实现对学校各项工作的监

管和管理。

2. 建立多元化的信息共享和沟通机制，加强团队合作和沟通。

3. 加强信息安全保障，确保信息的保密和安全。

五、教师需求的满足与高职院校绩效管理体系之间的关系

高职院校的绩效管理体系是学校管理的重要组成部分，教师需求的满足直接关系到学校的教育教学质量和发展。因此，为了保障和优化高职院校绩效管理体系的实现，需要尽可能地满足教师的需求，提高教师的满意度和工作积极性。具体而言，可以通过了解教师需求的方法、教师个体需求、教师需求的满足和人文关怀等措施来实现。在实际操作中，需要根据不同学校的特点和教师的需求，采取差异化的措施和方法，以提高教师的工作积极性和满意度，促进高职院校的发展和教育教学质量的提高。具体而言，教师需求的满足可以通过以下几个方面来实现。

1. 了解教师需求的方法

了解教师需求是满足教师需求的前提和基础，只有了解了需求，才能有针对性地采取措施来满足。具体而言，了解教师需求的方法可以采用问卷调查、面谈、小组讨论等方式，以全面、真实地了解教师的需求和想法。

2. 教师个体需求

教师个体需求是指教师在工作和生活中所需要的各种资源和支持，包括物质需求和精神需求。不同的教师有着不同的个体需求，因此，需要采取差异化的措施来满足不同教师的需求，以提高教师的工作积极性和满意度。

3. 教师需求的满足

具体可以通过适当增加工资、缩小津贴和奖金差距、对优秀教师进行激励和建立良好的组织文化等方式来实现。

（1）适当增加工资：可以根据不同岗位的需求和市场行情，适当增加教师的工资收入，以提高教师的工作积极性和满意度。

（2）缩小津贴和奖金差距：可以适当缩小不同岗位教师的津贴和奖金等收入差距，以消除教师之间的不公平感和分歧。

（3）对优秀教师进行激励：可以通过表彰、奖励和晋升等方式，激励和鼓励优秀教师，提高教师的工作积极性和创造力。

（4）建立良好的组织文化：可以通过建立积极向上、互相尊重和支持的组织文化，增强教师的归属感和凝聚力，提高教师的工作积极性和满意度。

4.人文关怀

人文关怀是满足教师需求的重要手段之一，它是通过关注教师的心理和情感需求，为教师提供关爱和支持，以提高教师的工作积极性和生活质量。

（1）提供良好的工作环境：可以为教师提供舒适、安全、卫生的工作环境，以提高教师的工作效率和满意度。

（2）关注教师的健康和安全：可以为教师提供健康检查、保险和医疗支持等服务，关注教师的身体健康。

（3）提供职业发展和培训支持：可以为教师提供职业发展和培训支持，提高教师的专业能力和素质，以实现高职院校的持续发展和进步。

（4）提供心理支持和关爱：可以为教师提供心理咨询和帮助，关注教师的情感需求和心理健康，增强教师的归属感和凝聚力。

六、院校绩效考核方案的制定

（一）指标体系设计

指标体系是院校绩效考核方案的重要组成部分，它直接决定了考核的目标和方法。在设计指标体系时，应该考虑到院校的实际情况和发展需求，以确保考核的科学性和实用性。

1.教学质量：包括课堂教学效果、学生满意度、教学评估等方面。

2.科研成果：包括科研项目数量和质量、论文发表数量和质量、专利数量等方面。

3.师资队伍：包括教师的学历、职称、科研能力、教学经验等方面。

4.学生工作：包括学生综合素质、就业率、毕业生反馈等方面。

在设计指标体系时，应该根据实际情况权衡各项指标的重要性，以确保绩效考核的公正性和科学性。

（二）设定考核周期

考核周期是院校绩效考核方案中的重要组成部分，它直接决定了考核的时间和频率。在设定考核周期时，应该考虑到院校的实际情况和发展需求。一般来说，可以根据院校的规模和发展阶段设定不同的考核周期。

1.小型院校：一年一次考核。

2.中型院校：半年一次考核。

3.大型院校：季度一次考核。

在设定考核周期时，应该根据实际情况进行调整，以确保考核的科学性和实用性。

（三）考核指标的设定

考核指标是院校绩效考核方案中的重要组成部分，它直接决定了考核的内容和方法。在设定考核指标时，应该考虑到院校的实际情况和发展需求。一般来说，可以根据指标的重要性和难易程度进行调整。

1.教学质量：课堂教学效果、学生满意度、教学评估等指标的权重应该较高。

2.科研成果：科研项目数量和质量、论文发表数量和质量、专利数量等指标的权重应该较高。

3.师资队伍：教师的学历、职称、科研能力、教学经验等指标的权重应该较高。

4.学生工作：学生综合素质、就业率、毕业生反馈等指标的权重应该适当降低。

第三节 高职院校教师绩效管理体系的实施路径

一、成立教职工代表大会

为了确保院校的顺利运作和教师的发展，院校应成立教职工代表大会和人力资源部。教职工代表大会作为院校最高的管理机构，负责审核和监督院校的规章制度、绩效管理方案和流程。同时，代表大会还负责组建考评小组对院校领导的工作进行评估，并对教职工的工作进行考评。代表大会还要明确各部门领导的职责，与教师共同制定部门工作计划，并提供本部门的绩效考核信息。此外，教职工代表大会还负责监督和指导教师的工作，促进教师之间的交流和沟通，及时发现他们工作中的问题，并为教师的发展提供规划和指导建议。另外，代表大会还要对教师的绩效表现进行客观公正的评价，既帮助教师认识自己的不足，又鼓励教师取得更好的表现。

人力资源部的作用是制定和完善院校的绩效管理方案和流程，对院校教师进行培训和考核。此外，人力资源部还负责收集和汇总教师的考核结果，并对教师的绩效进行反馈。在进行绩效管理的同时，人力资源部还要接受群众的监督，并处理教师对考核结果的申诉，同时负责院校的人才建设和日常管理。

在现代组织中，绩效管理具有重要意义，它对教师的发展和组织的发展都有至关重要的影响。教职工代表大会和人力资源部的成立可以为院校的绩效管理提供一个良好的机制。

二、保持与教师的有效沟通

在绩效管理的过程中，与教师的沟通是一个至关重要的环节。通过与教师进行沟通，可以为未来的绩效管理提供可靠的依据。如果忽视与教师的绩效沟通，就会产生不完整的绩效数据，从而影响绩效目标的实现。因此，在工作中与教师进行沟通，了解教师的绩效行为和组织战略的偏差，根据沟通的情况帮助教师改进工作方法并引导教师的绩效行为是至关重要的。管理者若想与教师之间保持密切的沟通，可以建立一个绩效沟通的渠道，为教师提供参与管理的机会。在人力资源管理的过程中，管理者不仅要与教师就绩效标准的制定和教师的绩效表现进行沟通，而且要帮助教师进行绩效改进。高职院校管理者通常要在绩效评估结束后与教师进行面对面的沟通，向教师公开评估的成绩，并认真倾听教师的申诉和建议。通过沟通的形式，可以为管理者和教师之间创造彼此沟通的机会，增进彼此之间的了解，可以较好地增加教师的工作热情。

沟通作为一种管理工具，对于管理者来说，需要具备良好的沟通能力。只有在良好的沟通关系下，才能让教师逐渐认可其提出的方法和管理。通过沟通，管理者可以了解教师的想法和意愿，并针对性地解决教师在工作中所遇到的问题。同时，复杂的事情通常需要通过多次沟通逐步实现。因此，需要积极沟通。

在沟通过程中，需要注意沟通的方式和方法。为避免误解和负面影响的产生，语言表达要清晰明了。在表达时，要尽量避免语气过于强硬或过于柔和，从而保证信息的传达和理解的准确性。同时，要遵循事实、准确、翔实的原则，尽可能让教师了解管理者的想法和决策。在总结与教师的沟通时，需要注意：要了解教师的需求和意愿，根据教师的反馈来调整管理策略；传达绩效管理的重要性，帮助教师树立正确的工作态度和绩效意识；要及时记录沟通内容，并进一步优化沟通过程，以提高绩效管理的效果。

在实际工作中，与教师的有效沟通是必不可少的。只有在良好的沟通关系下，才能发挥管理的作用，提高教师的工作效率和工作满意度。因此，管理者需要重视与教师的沟通。只有建立良好的合作关系，才能为整个团队的工作带来更大的成果。具体可以采取以下几种方式。

（一）定期与教师进行面对面沟通

沟通要求管理者和教师均要有充分的准备，提前制定好沟通内容的具体步骤和方案。有针对性地寻求教师的意见和看法，能够更好地满足教师的需求，增强教师的归属感。

（二）建立在线沟通的平台

可以采用信息化手段，建立绩效系统或者信息交流平台，方便教师和管理者之间及时沟通和反馈。通过这种方式，教师和管理者可以在不同的地点和时间进行交流，更加方便快捷。

（三）采取各种形式的沟通方式

可以通过小组讨论、反馈会议和集体培训等方式，鼓励教师积极参与绩效管理和沟通。不同的沟通形式可以提供不同的反馈和信息，管理者可以更全面地了解教师遇到的问题并提供帮助。

（四）创造良好的沟通氛围

管理者要以身作则，表现出诚恳的态度，注重沟通的方式和技巧。同时，要尊重教师的意见和建议，注意保护教师的自尊心和尊严。只有在良好的沟通氛围下，才能够有效地促进教师和管理者之间的沟通和合作，更好地实现绩效管理的目标。

综上所述，与教师的有效沟通是提高绩效管理效果的重要手段，也是建立团队良好合作关系的必备条件。加强沟通能力，优化沟通过程，积极寻求改进方案，必将为高职院校带来更好的绩效表现和成果。

参考文献

[1] 俞俊毅．基于目标管理的高职院校教师绩效管理体系研究 [J]．教育教学论坛，2014（41）：17—20.

[2] 周万中．我国高职院校教师绩效管理机制创新研究——以江西工业贸易职业技术学院为例 [D]．南昌：南昌大学，2011.

[3] 邓春英，谢学锋，叶广建，等．民办高职教师战略绩效管理研究 [J]．职业时空，2014，10（3）：53—55.

[4] 杨文杰．高职院校教师绩效考核存在问题与对策研究 [J]．文化创新比较研究，2017，1（31）：76—77.

[5] 袁慧玲．基于五元联系数的高职院校教师科研绩效评价研究 [J]．中国职业技术教育，2016（3）：48—51；81.

[6] 李芝山．高职院校教师绩效管理模式创新研究 [J]．学术评论，2007（4）：5.

[7] 李芝山．高校教师绩效管理模式创新研究 [J]．福建论坛（社科教育版），2007（4）：37—41.

[8] 李云．基于高职院校教师职业特性的绩效管理研究 [J]．企业家天地下半月刊（理论版），2009（1）：130—131.

[9] 赵新村．高职院校教师绩效管理体系优化设计与实施研究 [D]．南昌：南昌大学，2016.

[10] 宦璐．中国公办高等职业院校教师绩效管理研究 [D]．南京：南京航空航天大学，2011.

[11] 周万中. 我国高职院校教师绩效管理机制创新研究——以江西工业贸易职业技术学院为例 [D]. 南昌：南昌大学，2011.

[12] 卢朝荣. 高职院校教师绩效管理的柔性化改革研究 [J]. 大学教育，2017（6）：169—171.

[13] 胡健. 基于胜任力培养的高职院校教师绩效管理柔性化改革研究 [J]. 中国培训，2021（03）：58—59.

[14] 殷楚贤. 公办高职院校教师绩效考核体系创新研究 [J]. 幸福生活指南，2019（16）：202—203.

[15] 潘丹春. 高职艺术院校教师绩效管理的创新实践研究 [J]. 艺术教育，2015（6）：148—149.

[16] 朱叶. 高职院校教师绩效管理的困境与创新研究 [J]. 教育现代化，2018，5（12）：129—130.

[17] 刘顺霞. 高职院校教师绩效工资实施效应研究 [J]. 科技创新导报，2015，12（15）：30—31.

[18] 沈进. 高职院校教师绩效考核存在的问题及改进对策 [D]. 湘潭：湘潭大学，2013.

[19] 俞泓. 全面质量管理理论视角下高职院校教师绩效考核与激励机制研究 [J]. 扬州教育院校学报，2022，40（3）：87—90.

[20] 何剑. 民办高职院校教师绩效考核问题及对策研究 [J]. 现代营销（信息版），2019（10）：213.

[22] 杨青. 高职院校教师绩效管理现状及对策研究——以 S 院校为例 [D]. 沈阳：沈阳师范大学，2015.

[23] 蔡友捷. 公办高职院校教师绩效薪酬激励研究——以泉州地区为例 [D]. 泉州：华侨大学，2016.

[24] 宁蓓. 人本视角下的高等职业院校绩效管理现状分析及对策 [D]. 合肥：安徽大学，2010.

[25] 朱琳. 高校教师人力资源管理现状与管理模式创新 [J]. 理论观察，2016（8）：162—163.

[27] 张慧敏.高职院校教师绩效管理研究 [D].青岛：中国海洋大学，
2005.

[30] 智萍利.高职院校教师绩效管理体系研究 [J].厦门教育院校学
报，2009，11（04）：41—43.

[31] 王成云.高职院校教师绩效管理研究述评 [J].中国农业银行武
汉培训院校学报，2009（2）：85—86.

[32] 周清湘.高职院校教师绩效管理指标体系研究 [J].当代教育论
坛（宏观教育研究），2008（7）：96—97.

[33] 罗元，陈炳和.高职院校教师绩效管理体系设计与构建研究
[J].中国成人教育，2011（4）：95—97.

[34] 张胜.高职院校教师绩效管理研究现状述评 [J].漯河高职院校
学报，2009，8（1）：1—3.

[35] 李云.基于高职院校教师职业特性的绩效管理研究 [J].高职院
校家天地：下旬刊，2009（1）：218—19.

[36] 刘庆.高职院校教师绩效管理的问题与对策研究——以山东 X
高职院校为例 [D].石家庄：河北师范大学，2015.

[37] 谢琳.高职院校教师绩效管理体系研究——以浙江纺织服装职
业技术学院为例 [D].宁波：宁波大学，2013.

[38] 童丽.高职院校教师绩效管理水平提升研究 [J].教育与职业，
2016（3）：66—69.

[39] 曾金仙.提高高校行政管理效率的对策 [J].吉林省教育学院学
报（学科版），2008（7）：11—12.

[40] 陈植乔.基于BSC 法的高职院校教师绩效管理体系研究 [J].人
力资源管理，2015（8）：176—177.